碧い海の向こうへ

異郷の福建人経営者12人

【著】中瀬のり子
【企画】日本福建経済文化促進会
【編集】アジア太平洋観光社

爱拼才会赢《アイビャージャーエーヤーン》

——チャレンジ精神があってこそ、成功できる。

「隠元豆」でよく知られている隠元禅師のふるさと、福建省。
古来から海を渡り、世界に羽ばたいて活躍した福建商人たち。
今もそのＤＮＡは脈々と受け継がれている。

はじめに

日本に住む福建人といえば、私が一番尊敬しているのは神戸華僑の林同春氏です。氏は福建省福清市に生まれ、一九三五年一〇歳のときに日本に渡り、繊維ビジネスで家業を起こしました。ビジネスで成功しても、同郷の人々を助けることを忘れず、在日中国人の人権と教育を積極的に支援し、故郷への恩返しを忘れませんでした。改革開放が始まったころには、貧しく後れていた福清市や福建省、ひいては中国の発展のため、そして各分野での日中友好のために尽力しました。

社団法人福建同郷会会長、神戸華僑総会会長、神戸中華総商会会長、兵庫県外国人学校協議会会長、(社)神戸貿易協会評議員、NPO法人黄河の森緑化ネットワーク代表を歴任し、中国福州市栄誉市民、福建省建学寄付金記念賞、兵庫県「のじぎく賞」、兵庫県「国際功労賞」、神戸市「産業発展振興賞」、国連支援交流財団「国際貢献賞」、韓国ロータリー三六五〇地区「国際平和賞」、兵庫県「讃賞」、明石市「社会文化功労賞」、神戸新聞社「平和賞」などを受賞しました。八〇年代以降、日本に留学して就職、結婚、定住した同胞たちで林同春氏に面倒を見てもらった者は数知れません。しかし、残念ながら林同春氏は二〇〇九年この世を去りました。

とはいえ林同春氏のように裸一貫から身代を築き上げ、成功するために懸命に努力しながらも同郷や後進の人々への支援を忘れず、日本や祖国、故郷の平和と繁栄のために我が身を顧みず力を尽くしている在日福建人は数多くいます。私も記者出身の福建人経営者として、かねてより、在日福建人の軌跡を記録することで彼らを励まし、また後輩や周りの友人たちにいくらかでも行動の活力と示唆を提供したいと思っていました。

いま誰かが日本社会に訴えかけなければ、日本の人々は福建人を数々のよくない印象で判断してしまうのではないでしょうか。なぜなら、八〇年代、九〇年代の日本メディアには、福建人の密入国や犯罪といった負の報道が溢れていたからです。私自身も、そのようなマイナス報道に巻き込まれてしまった人々を取材したことがあります。しかし、歴史を振り返れば、一二一四年前には空海が唐に赴き福建省の赤岸（現在の寧徳霞浦）に上陸して法の道を求め、福建省福清市で生まれた隠元禅師は三六四年前にノモイから長崎へ渡り、仏教だけでなく世俗の文化交流においても多大な貢献をしました。これらの歴史は絶えず振り返られるべきであり、ロマン溢れるこの世の物語なのです。

昨年、中国は改革開放からちょうど四〇周年を迎えました。たかだか四〇年とはいえ、福建省と日本の間には忘れえぬ交流の歴史があります。私がまだ少年だった一九八〇年代、中国初のデジタル電話交換機が富士通から福建省にもたらされました。福建と日立の日中合弁資本によって、中国で初めてのカラーテレビが生産・発売されたのも福建省でした。在日の老華僑、新華僑、特に福建からきた華僑は経済交流において歴史に残る貢献をしました。私は彼らの中に明末清初の「唐通事」のおもかげを見ます。日本における福建人奮闘の物語を伝えることで、この感動的な精神が一代また一代と語り継がれることを願ってやみません。

アジア太平洋観光社　代表取締役社長　劉莉生

Contents

異郷からやって来た商人——福建省「新華僑」の群像

廖赤陽

現在、日本在住の中国人および中国系華人は一〇〇万人に到達している。そのうち、中国国籍の所有者はおよそ八五万人で、残りは日本国籍の取得者で、いわゆる「帰化者」である。これは、在日外国人の中では最大のグループであるのみならず、海外における最大の中国国籍を保有するエスニックグループでもある。

東南アジアや北米、ヨーロッパなどの華人社会と比較すると、在日華僑はいくつかの歴史的特徴が挙げられる。まず、在日華僑は歴史的に商業移住を主とする社会であった。華僑の日本通商の歴史は少なくとも四〇〇年前に遡ることができる。これに加えて、一八九九年の勅令三五二号の発布から最近の入国管理法まで、日本の入国管理は終始単純労働者の入国を厳しく制限するものであった。それに比べて、近代以降の東南アジアとアメリカでは、数多くの華人労働者を受け入れ、そして、ヨーロッパにおいては、第一次世界大戦時の華僑労働者が華人現地移住の一つのきっかけとなった。

日本における華僑・華人社会のもう一つの特徴は、中国人社会としての特質が維持されていることである。東南アジアを始め、第二次世界大戦以降の華僑社会は現地国籍を取得し、所在国の国民になる道を選び、いわゆる華僑から華人への道を選んだ。しかし、日本の華僑社会は依然として在日中国人の道を歩み続けてきた。

表面的に見れば、日本の華僑社会は在日中国人社会として、ホスト国社会と距離を置くようにも見えるが、実際のところ、文化的には東南アジアの華人社会に比べれば地域社会への融合がむしろ高い方だ。ことに、老華僑の社会を中心に、長崎、神戸、横浜などの地域コミュニティと非常に密接な関係を持っており、互いによく溶け合っている。私が東南アジア、例えばマレーシア、またはフィリピンなどで観察したところ、華人は所在国の国民になったものの、文化・社会から日常生活の面に至るまで、ホスト国社会の現地グループと隔たりがあることが少なくない。そして北米やヨーロッパにおいては、新移民は現地の国籍を取得したものの、多くの場合はそれぞれのエスニック・グループが自らの社会生活の場を構築している。

このような現象は日本ではあまり見られない。むしろ文化から生活習慣に至るまで、多くの共通性を持っている。例えば、漢字を使い、お箸を使って米を主食にし、お寺に参拝し、仁義礼智信を尊ぶ。このように、同じ東アジア文化圏に属することも一つの理由になるだろう。

在日華僑・華人のうち、福建省出身の者はおよそ一〇万人いる。福建省は中国の著名な華僑のふるさとの一つであり、福建出身の華僑・華人は東南アジアを中心に世界中に広がっている。中国の十大商幇《バン》（地域性のある商人グループ）は主に明代に形成されたものだが、福建商人グループ＝福建幇もそのうちの一つである。航海が得意で海外貿易に長けていることが福建幇の特徴の一つである。沖縄も含めて日本は古くから福建幇の貿易ネットワークに編入された地域の一つであった。およそ一四世紀から一七世紀にわたる三〇〇年間、多くの福建人は琉球に集団移住し、「閩《びん》人三六姓」と呼ばれた。彼らは船を操るだけではなく、琉球王国の外交、貿易を支え、多くの政治家と学者を輩出した。長崎もまた福建人ネットワークの中の重要な拠点の一つである。唐船の長崎来航は一六世紀後半に遡るが、一七世紀の二〇年代に至って、来航する唐船の増加に伴い、中国の船主たちが次第に三つの唐寺を建立した。それは、寧波の船主が建立した興福寺（南京寺）、閩南の船主が建立した福済寺（泉州、漳州寺）、そして福州の船主が建立した崇福寺（福州寺）である。これらの唐寺は、事実上同郷者の互助団体という性質を持っていた。三つの唐寺のうちの二つが福建幇によって建てられたことは、福建幇が長崎貿易における重要な地位を占めていたことを物語っている。

　これらの唐寺が中国から唐僧を招き、やがてその唐僧が住職となったのである。一六五四年、隠元禅師も再三なる招請に応じて福清から日本の長崎へ渡り、後に京都に北上して宇治の万福寺を建立し、黄檗宗という日本仏教の一大宗派の開祖となった。当時、日本の天皇・将軍を始め、各地の大名や知識人たちは競って隠元禅師の門下に帰依し、隠元禅師も「大光普照国師」という称号を賜った。隠元禅師とその弟子たちがもたらした黄檗文化は、江戸時代の日本仏教に止まらず、書・画・音楽・建築・飲食文化などに広く影響を与えた。

　一七世紀の後半、幕府は唐人屋敷という、長崎に来航する唐人の集中居留地を作った。来航の唐人は福建人と寧波を中心とする浙江人が中心であった。唐人屋敷は貿易拠点であるのみならず、同時に在留唐人の社会生活と文化伝承の空間でもあった。一八世紀後半に至り、福建出身の船主は唐人屋敷内に福建の地縁組織を作った。日本人はこれを「福建会社」と呼んだ。これは、現在知られている限り世界で最も早く作られた海外の福建会館である。

明治維新の後、一八六八年、同組織は長崎八閩会館・福建会館として再スタートし、福建全域の在留者を代表する団体として日本政府に正式な届を出した。これは近代以降の日本でいち早く成立した華僑団体である。開港以降、多くの福建国際貿易商が新たに長崎に上陸し、さらに、長崎から北上して阪神・横浜などの開港場に進出し、函館までたどり着いた。彼らは、神戸福建商業会議公所、函館中華会館などの地縁的ないし全華僑社会的組織を建てた。一九二〇年代以降、より多くの福清人が再び日本に移住し始めた。これまで開港地を中心に国際貿易に従事していた閩南幇・福州幇とは異なり、福清人は主に内地農村地域での織物業を主な生業としており、そのため、福清人は日本の津々浦々に分布するようになった。

第二次世界大戦中、華僑は数々の苦難に耐えてきたが、戦後、華僑は戦勝国の国民としてGHQの特殊な配給を受けた。その後、貿易業や不動産業、飲食業を中心に華僑経済の再建を図った。その中で、閩南幇の主な組織は神戸福建会館が挙げられるが、そのメンバーの多くは東南アジアなどの貿易に従事する者であった。これに対し福清幇は全国的な組織として福建同郷会を結成し、現在に至るまで半世紀以上、毎年懇親会を続けている。

戦後の日本華僑は主に台湾・福建・広東・三江の四つの幇によって構成されるが、その総人数五万人弱のうち、半数は台湾出身者で、福建出身者はおよそ一万人規模であった。一九八〇年代以降、改革開放以降の中国から数多くの人が日本に移動し、在日中国人社会の規模は一気に拡大した。これらのニューカマーは新華僑とも呼ばれ、その出身地は極めて多様となり、チベットを除けばすべての省・市・自治区に及んだ。省別に見れば、福建省の人数は黒竜江省と吉林省に次ぐ第三位を占めており、日本国籍取得者も含めて在日福建人はおよそ一〇万人いる。

老華僑に比べて、新華僑は高学歴・ハイテク技術者という特徴があると指摘されている。福建新華僑の中からも、大学教授や出版メディア・各専門領域の人材を輩出している。なお、戦前の日本華僑経済は三刀業（料理の包丁および理髪業・洋裁業）と言われているが、戦後はとりわけ包丁、つまり飲食業と中国食材輸入とその卸売が重要な地位を占めていた。これに比べて、新華僑のビジネス領域は国際貿易、ＩＴ産業を始めとして、専門技術サービス・製造加工・飲食・旅館・美容・出版・金融・観光・医療・人材派遣・不動産・造船・航運・建築など広く及んだ。こうしたビジネスの分野にも福建新華僑の姿が際立つ存在であった。

福建新華僑の地縁組織も広く注目されている。その地域結合の強さには、故郷としての福建と、居住地である日本に占める出身地という二つの原因があると思われる。故郷としての福建から見れば、まず、東北や上海・北京等の地域に比べて、福建省はもともと宗族や地域の絆の強い地域である。次に、政治中心から遠く離れて海に面している福建省は、歴史的に商業活動を通して富をもたらすことをポジティブな価値観として追求する傾向がある。そして、日本における出身地を見てみると、日本の福建幇は八閩という福建全域を含めているが、そのうち、福清市出身者の数が圧倒的に多いのである。福建のある特定の地域の出身者が大多数を占める国はその他、晋江人（福建省泉州市晋江出身者のこと）を中心とするフィリピンの華人社会ケースがあるのみである。このような省レベルではなく県レベルの「小同郷」が多いことは結束力が強い理由の一つである。それに加えて、日本の福清人は同郷であるのみならず、その多くは親戚または姻戚同士の関係を有する。そして、多くの福清新華僑は同郷の老華僑のコネで来日しており、故に新・老華僑の間の絆もその他の地域の出身者に比べてより強いのである。

日本福建経済文化促進会は在日福建新華僑の代表的な団体である。同団体は六年前、新華僑の中で福建出身の教授、学者と企業家を結集して創設されたものである。このような、経済と学術文化という二つの機能を強調し、同時に同郷会としての機能を広く備えた団体は、日本に限らず、その他の国と地域にも類を見なかったケースである。日本福建経済文化促進会の初代会長陳玳珩は東京理科大学の教授であり、その後任会長の陳熹は日本中華総商会の副会長でもあった。そして第三期の会長陳秀姐は、歴史上初の福建幇の女性会長である。三任会長と会員の共同の努力を経て、この団体はわずか六年で、ホスト国社会にも注目された日本最大の華僑同郷団体として成長してきた。

三〇年もの歳月を経て、異郷からやって来た福建新華僑たちは、地道な努力を経て商業貿易の領域に確実な成果を築き上げた。東証一部上場まで成長した企業や国立大学への寄付によって天皇より紺綬褒章を受けた企業家を始め、これらの新華僑企業家は、飲食行から農産品貿易、教育文化産業、ハイテク企業など、幅広い経営活動に携わっている。同時に、彼らは東日本大震災や熊本地震への支援活動や、日中両国での学校建設や教育事業への寄付などを積極的に行い、日本社会と故郷への恩返しをいつも心掛けている。

近年、新華僑・新移民は華僑・華人研究の焦点の一つとして脚光を浴びている。ただし、これらの研究は、主に学者による他者認識であり、当事者の口から語った歴史はともかく少ない。この一冊は、福建新華僑の中の一部の企業家たちに対する聞き取り調査である。これは、オーラルヒストリーであると同時に、新華僑企業家の自分史でもある。本書を通じて、彼らの家族背景、移住経験、適応過程、社会移動、創業と経営の経歴を知ることができるのみならず、そのアイデンティティの変容や喜怒哀楽などの個人の内面世界をうかがうこともできる。これらの一個人の自分史の集合から、新華僑企業家の群像が現れ、さらに、新移民ないし日中関係のひとコマを垣間見ることもできる。これまで、華僑総会や中華会館による華僑史の編集刊行や各華僑学校や福建同郷会の記念誌の発行は例が見られたが、いま、新華僑の一同郷団体である福建経済文化促進会も自らのメンバーの歩みを記録する新たな一冊を世に送り出すこととなった。このような内なる歴史意識の芽生えは、在日福建人のみならず、未来に向けての日本華僑社会の新たな可能性を生み出すものになるだろう。

武蔵野美術大学教授、両岸関係研究センター（日本）代表、日本華人教授会議前代表

Interview

日中友好と福建人としての責任感

ランタンで友好の華を咲かせたい！

在日新華僑実業家
株式会社ヘルスフーズ代表取締役　呉啓龍氏

1967年11月、福建省福清市生まれ。1988年日本に留学、アルバイト店員を経て裸一貫から身を起こし、10軒以上の飲食店や健康管理チェーン店を経営、事業を順調に拡大成長させ、人生初めての資金を稼ぐ。2003年、故郷福建省にある武夷山学院の学生寮に投資し、貢献する。2004年に武夷山福清（平潭）同郷会の会長を務め、同年武夷山市僑聯名誉主席、2008年に世界福清同郷聯誼会副主席を務め、2011年平潭（総合試験区）僑聯名誉主席、平潭政協委員、福建省華僑聯合会の委員を務める。2012年、日本福建経済文化促進会の副会長、常務副会長を歴任。2017年7月に、日本福建経済文化促進会の第四期会長に選ばれ、現在に至る。現任日本中華総商会副会長。現任日本華僑華人聯合会 副会長。

呉啓龍

日暮里駅から徒歩五分。線路沿いの雑居ビルの狭いエレベーターを上がったところに日本福建経済文化促進会と書かれたプレートを掲げた事務所がある。二〇一七年より同会の四代目会長に就任した呉啓龍さんの会社事務所だ。秘書の女性に中へと案内され、待つこと数分。と、力強い大きな目に精悍で整った顔立ち、貫禄たっぷりのスーツ姿の男性が現れた。「ああ、どうも、今日はよろしくね」とにこやかに名刺を差し出した呉さん。若干緊張ぎみの筆者に「あなたは日本人？　中国語、上手だね」とお世辞を言うと、その後は気さくなおしゃべりとユーモアで場を和ませてくれた。

バブル景気の日本へ。皿洗いのアルバイトからスタート

福建省福清市出身の呉啓龍さんは一九八八年友人の誘いで来日した。東京尾山台にある中華料理店の洗い場でアルバイトをしながら専門学校で日本語を勉強するという生活からスタート。当時八〇年代はバブル経済の好景気に沸き、飲食店や酒場も繁盛した時代である。お酒と賑やかなことが大好きな呉さんは親しい友人と連れ立って夜の街を飲み歩いて回ったそうだ。「そうやって友達と食事したり飲みに行ってね。親切な年上の友人たちから日本のことを教えてもらった。日本人はお金もよく使うし、お酒を飲んで酔っ払ってもけんかをしないでしょ。面白いなあと思ったよね」と呉さんは楽しそうに振り返る。

呉さんは新宿のクラブでアルバイト店員として働き始めると持ち前のビジネスセンスを発揮、まもなく

店長を任されるようになった。その後はバブル景気に後押しされて呉さん自身のクラブを新宿にオープンさせた。上野、大宮と場所を移しながら営業を続け、さらに中国式健康マッサージの店も開業。事業はしばらくの間、順調に伸びていった。

しかし、二〇〇三年ごろになると日本には中国式マッサージ店が増え、また、呉さんの店も景気後退の影響を受けるようになっていた。「中国で何か挑戦したいという気持ちもあったし、面白そうだと思った」という呉さんは、中国の武夷山で不動産事業を開始する。呉さんは大規模な投資をして武夷学院という短期大学の学生寮を建設した。この学生寮の経営事業は呉さんの家族によって現在も継続されており、武夷学院は現在大学への昇格認可申請中だという。呉さん自身は謙遜して多くを語らないが、呉さんは武夷山では学生たちの支援を行う事業経営者として地元の住民たちから感謝され尊敬を集めている人物でもある。

そんな折り、再び友人からビジネス参入の誘いを受けた呉さんはインドネシアへと渡り、鉱山で大理石を採掘する事業を開始した。「でも、あまり上手くいかなかったね（笑）。一年間やって、やっぱり日本のほうがいいなあと思って戻ってきた」と呉会長は屈託ない笑顔で話す。呉さんのビジネス・チャレンジはさらに続く。しばらく日本で過ごした呉さんは、今度は故郷である福建省の平潭県へ渡る。平潭は台湾に近く、中国政府からの特別優遇政策を受け台湾資本の誘致や観光開発が行われている経済発展目覚ましい土地である。呉さんが二四時間営業の健康ランドをオープンさせると、店は瞬く間に人気となった。商才ある呉さんは続いてカラオケ店、飲食店などを開店し、平潭県外へも展開させていった。

その後、中国と日本での紆余曲折を経て、二〇一四年ヘルスフーズ株式会社を設立。「中国社会が豊かになり、中国人も健康に関心を持つようになってきた。日本で作って販売されている製品は中国人に信頼される」と時代の潮目を読んだ呉さんは、中国人の中高年富裕層をターゲットに健康食品事業に着手する。呉さんの会社ではナットウキナーゼや酵素などの健康食品の製造販売事業を行っている。日本の技術者を中国に招いて中国国内でＯＥＭ製品を製造販売し、空港免税店などへの卸しやインターネットでの通販事業も行う。中国で高まる日本製品人気とインバウンド需要、健康ブームの後押しを受けて、会社の事業は二〇一九年現在も好調だ。

ランタンを通じて中国文化を日本へ紹介

目下、呉さんが注力する新しい事業の中に「ランタン・フェスティバル」のプロジェクトがある。中国では旧正月の時期になると、このランタンの多彩なイルミネーションが集まるランタン祭りが各地で行われる。竜や花などの動植物や建築物をかたどったもの、巨大な絵画を表現したものなど、冬の夜空を幻想的に彩る趣向を凝らしたランタンの数々は、伝統的でありながらも新しい中国を代表する文化の一つであるといえる。

呉さんは同じく福建出身である友人二人とともに新会社・三和国際株式会社を設立。ランタンで最も有名な四川省・自貢市の自貢灯彩集団と提携し、二〇一九年一月から千葉県のドイツ村でランタン・フェスティバルを開催する。自貢灯彩集団はランタン祭りを通じて世界各地に中国伝統文化の発信をしている企業グループであり、これまでに米国・英国・ドイツ・フランス・カナダなど一八カ国二〇〇都市以上の地域で展示会を開催してきた実績がある。特にイギリスでの評価は高く、イングランド南西部ウィルトシャーではクラシックな建築の邸宅と巨大な庭園を擁する「ロングリート・ハウス」を会場としてランタン・フェスティバルが四年連続開催され、二〇一四年には一四万人以上の入場者を記録した。ＢＢＣなどのＴＶ局で報道されたほか、「中国のディズニーランド」と評されたほどの人気ぶりだ。

呉さんたち三和国際株式会社と自貢灯彩集団によるドイツ村のランタン・フェスティバル開催期間中は、中国の工芸品や特産品の販売の他、同じく伝統文化である変面や雑技団のショーなども披露される。また、この中国の伝統文化を日本に広く紹介するために、今後、全国の各都市を巡業する計画を準備したいという。

日中国交正常化四五周年を祝い、二〇一七年一一月一三日、呉さんが会長を務める在日福建人同人会である日本福建経済文化促進会は、同会設立六周年記念式典を東京・品川で開催した。式典には六〇〇人以上が出席、中国駐日本大使館総領事・王軍氏や元首相である鳩山由紀夫氏ほか多くの要人が参列した。「二〇一七年は日中国交正常化四五周年、二〇一八年は日中平和友好条約締結四〇周年という記念すべき年でした。当会は一〇〇〇人以上の会員からなる日本最大の在日華人同郷会です。会長という立場になった以上、その責任も強く感じます。日中の友好関係を促進するために我々も積極的に色々な活動をしていきたいですね」と呉さんは同会会長としての熱い想いを語った。

ところで、健康食品事業を手掛ける呉さんだが、最近、自身もタバコをやめたそうだ。喉に違和感を感じて受診したところ、腫瘍を疑われたのがきっかけだったという。幸い検査結果に問題はなかったが、これを機に禁煙してお酒も控えるようになった。「私の父親もタバコが好きでね。やめたほうがいいよと言っても聞かず、一日に二箱も吸う。もう九一歳だから、食べ物には気を付けて身体を大事にしてほしいね」と小さく漏らした呉さん。中国で暮らす父親に話が及ぶと貫禄ある経営者の表情の中に、老父を心配する息子の顔をちらりとのぞかせる。

東京の下町・浅草に二人の子供と妻と暮らし、在日歴はすでに三一年になった呉さん。今後も日本で暮らしていきたいという。「日本は自分の力、実力さえあればきちんと評価される国だからね。そういうのは自分に合っている。日本に

来て以来、大勢の日本人にお世話になり支えてもらった。本当に感謝しています」と、先ほどまでの陽気な調子から、ふとまじめな面持ちになって答えた呉さん。「日本人は温和で態度もマナーも良いし、多くの中国人は日本に一、二度訪れたら日本の良さがきっと理解できるはず。また、日本人の科学技術分野や職人気質、匠の精神には大いに学ぶところがあると思います。だから、中国人には日本にどんどん来て、日本をもっと知ってほしい。日本人にも中国に旅行してほしいし、中国の文化をもっと知ってほしい。私自身、今、そのための責任を感じています。中国と故郷のために貢献したい。そう思いますね」

そう言い終えると同時に、一際大きく目を見開いた呉さん。一瞬、瞳の奥がきらりと光ったのは気のせいだったのだろうか。「僕のことはもういいから。他のみなさんのことをたくさん書いてあげて!」。再びおどけた調子に戻ってそう言うと、はにかむような素朴な笑顔を見せた。

昔々、中国では北宋と呼ばれた時代のこと。福建省莆田市湄州島のある村に、心根の優しい夫婦が暮らしていたそうだ。夫の名前を林と言い、妻の名前は王と言った。二人は、日頃から善業を行う事に余念がなく、毎日誰かを助けるような夫婦だった。ある日のこと、王が眠りにつくと、夢の中に観音菩薩が現れ「あなたたちは毎日、とても良いことをしていますね。そんなあなたたちのために、この丸薬をあげましょう。これを飲んだら良いことがありますよ」と言ってくれたのだそうだ。目が覚め、不思議な夢だったなと思った王の手には、夢で見た丸薬が握られていた。観音菩薩に言われたように、その丸薬を飲むと、お腹に温かい生命の脈動を感じた。

時が少し流れた九六〇年三月二三日の夕方。北西に赤い光が灯ったかと思うと、その光は夫婦の家に飛び込んできた。光が家に入り込むと、家の中は良い香りで満たされ、外では大きな音がしだした。その音は、まるで春の雷のようで、大地は紫色に染まっていたという。

王のお腹が大きく揺れたかと思うと、一人の娘が産まれたのだった。

娘は、一カ月後の満月まで泣き声一つあげなかった。そのことから林は、この娘に「黙」という名前を与えた。

黙が産まれた場所は、海辺の家。泳ぎがとても上手で、「空の理」とも言える天文気象の全てを把握しているようであった。

湄州島と大陸の間には、岩礁がたくさんあり、漁船や商船がしばしば海難事故を起こしていたのだが、黙はゴザを使って海を渡ることができたため、多くの人を助けることができたのだという。

黙は占いも得意で、船が出航するときの凶兆もわかったことから、いつしか地元の人は彼女のことを「神女」とか「竜女」と呼ぶようになっていた。

黙が二一才になるころ、莆田は深刻な干魃に見舞われていた。河川が干上がり、大地が裂けるようになると、街の人たちはこの状況を変えることができるのは黙しかいないと言って、県長が自ら

媽祖像（12世紀初頭）

黙に雨乞いの儀式をしてもらえるようお願いに来たという。

その願いを聞き入れた黙がさっそく雨乞いの儀式をすると、何日か後に大雨が来るという予知が見えたのだそうだ。

予知に出ていた日を心待ちにしていた街の人たちだが、その日の午前中まで、とても雨が降るとは思えない、雲ひとつない空だった。

しかし、予知された時刻になると突然黒い雲が空を覆いつくし、土砂降りになったのである。長く干魃に悩まされていた大地は、この雨で昔の生き生きとした大地に戻ることができたのだそうだ。

黙は嵐で海から港に帰れない船がいることに気づくと、自分の家に火をつけて灯台代わりにしたこともあるという。

媽祖像（17世紀初頭）

多くの人たちを、幾度となく助けてきた黙であったが、その日は突然訪れた。

天が暗く、突風吹き荒れるその日、海には黒い波が現れた。

いつものように海難事故を起こした船を助けに行った彼女は、不幸にも命を落としてしまったのだ。

黙が死んだことはすぐに村の人たちに知らされた。しかし、その知らせを誰も信じることはできなかった。悲しみが、あまりにも深かったのだ。

九八七年九月九日、二八才のときに黙は天に昇った。悲しみに暮れる村人たちは、空に昇り天女になる黙を、ハッキリ見たのだという。

湄州島の山の上から村人たちに手を振った黙が雲に乗ると、空の雲が様々な色に染まり、とても鮮やかな空が広がった。

天女になった黙は、「媽祖」と呼ばれるようになった。


黙が媽祖になってからも、海で困っている人がいると、度々赤い服を来た彼女が訪れ、助けてくれたという。

それから、海に生きる人たちは船に媽祖像を祀り、航海の「安全」と「順調」を祈るようになったのだ。「媽祖」はやがて「天妃」とも呼ばれるようになった。

福建省の人が「媽祖様助けて！」と言うと、媽祖は化粧もしないで飛んできてくれるのだが、「天妃様助けて！」と言うと、キチンと化粧をしてから助けにくるのだという。

なので、すぐに助けが必要なときは必ず「媽祖」様と呼ばなくてはいけないのだ。

なお、第二次世界大戦中、台湾にそれほど被害がなかったのは、米軍の落とす爆弾を媽祖様がスカートで掬ってくれていたからだという伝説も残っている。

Interview

福建人の伝統でITビジネスを牽引

世界へ出て成功し、故郷に錦を飾りたい

在日新華僑実業家

株式会社キング・テック代表取締役社長　王遠耀氏

1966年、中国福建省生まれ。83年福建省福清市高山供銷社入社、87年日本留学のため同社を退社する。96年関東学院大学経済学部を卒業後、(株) アイ・アイ・エム入社。企業向けデータバックアップ用ストレージ関連製品の企画販売に従事する。2000年同社を退職、(株) キング・テックを設立し代表取締役社長就任。SJI社外取締役、一般社団法人日本中華総商会常務幹事、日本福建経済文化促進会常務副会長も務める。プライベートでは1男1女、上海出身の妻の4人家族。

王遠耀

六月某日、都内のオフィスビルにあるキング・テック本社応接室。眼鏡の奥の優しそうな、しかし冷静で落ち着いた瞳でまっすぐこちらを見つめながら、明快な語り口調でテキパキと質問に応じる。「頭脳明晰な敏腕ビジネスマン」。これが王遠耀社長の第一印象である。

王さんが社長を務める会社（株）キング・テックは二〇〇〇年創業、一九年が経過。東京・飯田橋の本社を始め、香港・大陸・フィリピン他に拠点を持ち、グループ全体では八〇〇名ものスタッフを率い、グローバルな経営を展開している。会社が扱うビジネスは主に、ITビジネス（企業向けサーバーシステム、データストレージなどハードウェア、システム関連商品販売）、貿易業（香港を拠点に大陸でレノボグループへATMの販売）、製造業（太陽光発電のアルミフレームを蘇州近くで製造）の三本柱からなる。

また、今後のビジネスとして期待される商品としては、横浜国立大学で一三年間開発してきたガン検査ソフトがある。このガン検査ソフトは世界に先がけて初めて中国で発売される。この検査ソフトの使用により、医療現場でのデータ解析のスピードアップやレポートへのデータ活用などが可能となる画期的な商品だ。現在は研究開発用のデモソフトを病院に納品して試用してもらい、その結果をフィードバックしながら、各種サービスや保守点検サービスなど付加価値をつけて販売予定。今後、中国国家による大規模の医療プロジェクトが予定され、大きなマーケットが見込まれる。

王さんは一九八七年、バブル期の日本へ留学生として来日する。アルバイトをしながら専門学校へ通い日本語と英語を学び、調理師免許なども取得。後に大学へ入学した。「日本語もまったくわからない状態でやって来ました。日本人女性はみんな着物を着ていると思っていたから、全然着物姿の人を見かけなくて驚きましたね」と笑う。「早く日本社会に溶け込みたいと思い、たくさんの日本人と遊びに出かけたりスポーツをしたりしてつき合いをしました。どこへ行っても皆さんに温かく受け入れてもらえましたね」

一九九五年一月、まもなく大学卒業という時期に阪神大震災が発生する。当時、企業のデータ、システムが大きな被害を受けるのを目の当たりにし、企業のサーバーシステム、データ管理の重要性を認識した王さん。大手商社にも内定が決まっていたが、ＩＴ業界へ進むことを決めＩＢＭの関連会社へ入社。そこからＩＴビジネス人生がスタートした。四年半の間、データシステム関連商品を担当。ハードウェアの保守サービスで北から南までの全国津々浦々を飛び回る生活を送った後、二〇〇〇年キング・テックを創業した。前職での顧客との信頼関係、後押しもあり、新事業は順調に滑り出すことができた。

一方で苦労もあったという。偽装パスポートや不法入国など、一部の福建人による犯罪ニュース等が目につくようになった時期があった。当時は福建省出身というだけでネガティブイメージを持たれ、あらぬ誤解をされて悲しい思いをした。知人にお金を貸して返ってこなかったこともある。「そのときは、心がある人であれば必ず返ってくるんだと思って信じました。まあ、貸した自分が悪い、とも言えますよね（笑）。失敗から学んだことをバネにして、前向きに成長できるように努力しました」と王さんは話す。非常にポジティブな思考と行動の原動力は何だろうか？「私自身、事業精神が旺盛だったということでしょうね。常にそのときのマーケット、そのときに出会った仲間たちと一緒に、タイミングを見てすぐに行動してチャレンジしたということですね。ビジネスを家造りに例えるならば、家の柱は一本だけでは成り立たない。安定感を保つためには、ビジネスの柱をたくさん持つことが必要です。一つのビジネスを軌道に乗せたら、すぐに次を作るというように、常に行動してきました」と語る。

また、王さんは福建省発のワンタンで有名なファストフード店「沙県小吃」を二〇一八年日本で初めて高田馬場に開店した。「『沙県小吃』は中国全土に六万五〇〇〇店以上あるファストフード・ブランドで、B級グルメ的な手軽な美味しさが人気です。周囲の中国人の友人たちに東京でもやってほしいと言われていたのが一つのきっかけでした。日本人でも元中国駐在員の間では有名でファンも多い。今後は店舗を増やして食文化を通じた日中交流もさらに進めていきたいですね」と意気込む。

ビジネス以外では、日本中華総商会、日本福建経済文化促進会、全日本華僑華人連合会において各役職を務め、在日華人と福建人の同胞のイメージアップ、団結のために活動している。

昔から非常に多くの福建人が海を渡り世界中で活躍している。他の地方出身の中国人とも少し違う、福建人のアイデンティティについて、王さんに聞いてみた。

「福建人にとっては世界へ出て行くことが当たり前であること、でしょうね。それから、『成功して故郷に錦を飾るんだ！』という気持ちが常に頭の中にあります。競争心も非常に強いし、考えたらすぐに行動する。海外でお互いに助け合う精神も持っている。この日本でも、福建会がみんなの我が家のような働きをしているんです」。少し考えた後、そう答えた王さん。

「六〇年代、七〇年代生まれの、先に来日した私たちは今、日本のビジネス社会での牽引役となっていますが、八〇年代、九〇年代生まれの若い世代の方々も大勢日本にいます。中国国内での育ち方は大きく変わり、日本でも変化しているので、ぜひ日本の文化・習慣、そしてハイレベルな学習を身に付けて、どこへ行っても通用するような人材になってほしい。そして、故郷の固有文化と習慣を守り、日本の各分野で活躍してほしいですね」。最後に、若い世代へ素敵なメッセージを贈ってくれた。

世界に点在する福建華僑ネットワーク

「福建商人」という言葉は日本人にも馴染み深い(中国語では　閩商と表記される。「閩《びん》」とは福建のこと)。中国人はみな商人気質ともいわれるが、歴史的に福建の海洋文化はとくに海洋商人を育んでいった。陸続きを行くよりも遥かに多くの危険がつきまとう海洋ビジネス。海洋商人のスピリットはタフそのものだ。そして現代、そんなフロンティアスピリットの強い福建商人は資本力を蓄えたビジネスパーソンとして世界中に散らばっている。共通の言語を使用し、同じような行動規範を持つことで、距離は離れていても繋がっている。

ビジネスの世界は信頼関係が成功の鍵だ。古今東西漏れなく、信頼関係がなければ長期的に健全な経済活動は成り立たない。「フィールドは世界に、そし

て気持ちは一つに」といった意識プラットフォームをもつ福建商人は、見えざる信頼関係で結ばれており、ビジネスのために生まれてきた人々といえるだろう。大きな資本になろうとも、またグローバルなビジネス活動が可能になった現代となっても、信頼というものがアナログな経済活動の「ゆらぎ」として確実に存在している。信頼関係=波。その「波」を悠々と乗りこなす福建商人は、たとえ実際には飛行機のビジネスクラスやファーストクラスに乗って飛んでいるとしても、今の時代でも「海洋商人」なのだ。

海外福建商人パワーを中国回帰させたい

「ここは世界に散らばる同胞福建人にとって夢の場所です」。これは二〇一五年七月九日、『僑夢苑』落成式会場において裘援平氏(旧中国国務院僑務弁公室主任）が発したフレーズである。「僑夢苑」は一区五園（園とは、産業パークの意味）から構成される産業地区広域開発プロジェクトの一つだ（日本で例えれば国家戦略特区・産業クラスターのようなもの）。福州経済技術開発区（二三平方キロメートル）を中核地として定め、輻射福州市高新技術産業パーク（一〇九・七平方キロメートル）、閩台藍色経済産業パーク（六五平方キロメートル）、江陰工業集中区（一五八・六平方キロメートル）、長楽臨空経済区（一七四・四八平方キロメートル）、閩清白金工業区（二一・七一平方キロメートル）の五区画を統合した総面積六二四・四九平方キロメートルの区域だ。東京二三区の面積が六一九平方キロメートル。それと同じくらいの広さと言って良い。

　中国全土には国家級や省級の大規模・広域な産業クラスターがいくつか存在するが、「僑夢苑」の特徴

は海外の同胞福建商人に対して呼びかけていることだ。グローバル経済が進んだ現代において「カネ・資本」の色（出処）の概念が薄まってきている中で、この呼びかけは非常に新鮮なものに聞こえる。例えば、日本で、「海外に散らばっている大阪商人のための産業特区を、大阪に新しくつくります。大阪商人のみなさん、ぜひ大阪に戻って資本を再度投下してください」などという政策が成り立つかと問われたら、だいぶ首をかしげたくなってしまう。グローバル経済の時代に、ローカルな地縁ベースの産業政策は非常に特異なものだ。

このようなユニークな産業政策が出てくるのが、中国産業振興策の「面白さ」といえる。日本の人口規模や社会体制では到底実行不可能な新しい政策が、社会実験として登場するユニークさをも持っている。

Interview

「中華居酒屋」の新業態を創出

夫婦二人三脚で歩んだ努力の18年

在日新華僑実業家
TRAVELPLUS INTERNATIONAL 株式会社代表取締役　郭聯輝氏

1966年、福建省福清市生まれ。専門学校卒業後、医薬品事業会社に勤務するも1990年日本へ自費留学を決意。様々な仕事を経て、2001年横浜の飲み屋街・野毛に台湾風居酒屋「阿里山」を開店。その後、みなとみらい地区一等地であるランドマークタワーをはじめ横浜・川崎・東京に「阿里城」を14店舗出店。現在は店舗運営以外にコンサルティング業、貿易業など幅広く事業を展開。青汁等の健康食品とオリジナルブランドのバッグ製造販売業にも力を入れている。華而実《はなのみ》商事取締役専務。トラベルプラスインターナショナル代表取締役。

郭聯輝

「当時は中華料理レストランというと大皿料理ばかりで、お酒に合う料理を食べられるような店はほとんどなかった。そこで、お客さんからの要望に応えて、お酒を飲みながら色々な中華料理を食べられる居酒屋のスタイルにしました。『中華居酒屋』という新しい業態、『阿里城』のブランドを作っていこうと思いました」

福清市出身の郭さんは、奥様の鈴実さんとともに台湾風居酒屋「阿里山」を横浜・桜木町に開店して一八年になる。桜木町本店以外に、現在では横浜ランドマークタワー店を始めとして、横浜・東京エリアで「阿里城」を一四店舗経営している。阿里山や阿里城各店舗の経営を担う飲食事業部以外には、飲食・FC事業の開業支援サービスを提供するコンサルティング事業部、青汁などの健康食品の製造販売やバッグの輸入販売を行う貿易事業部の三本柱で経営を展開する。

来日前、中国で医薬品会社勤務経験があった郭さんにとって、健康食品の事業はやりがいのある楽しい仕事の一つだという。また、バッグの事業については、世界生産ナンバーワンの鞄製造会社の日本子会社と提携し「TravelPlus」という会社を設立した。オリジナルブランド「SWISSWIN」「Cots」「TravelPlus」「GRANITE GEAR」などのビジネスバッグやキャリーケース、デイパックなど様々な商品ラインナップを展開し、目下注力している事業だ。

「企業にとっては、人材が一番大事です。特に、我々がやっている飲食サービスは直接お客さんと接する最前線です。店長に権限を持たせ、一カ月に一回店長会議を行い、人材教育に力を入れています。私たちは堅実な経営をしながら、これまで実績を積んできました。全ての事業に対して、危機感をもってコツコツと謙虚に良い物を作っていく。そして『阿里城』のブランドづくりの意識を持って取り組んできました」と郭さんは語る。

一九九〇年、中国では改革開放のころ、郭さんは来日。六人兄弟の長男として育った郭さんは、専門学校卒業後、幹部として国営の医薬品会社で働いていたが、経済的に苦しい家族を助けたい気持ちがあり、自費留学で日本へ渡航し働くことを決心した。それが日本での生活のスタートである。

中華料理店の経営は、食材コスト高や外食客の減少など、為替や景気の影響を受けやすい商売だ。良いものを安定的に供給する必要があるが、現在の市場は不安定で、経営を維持することは大変だという。また、郭さんは上海でうどん屋、北京でラーメン屋を出店、撤退したことがある。この経験を経て、横浜の人気店、田中屋と提携し、みなとみらいに大好きな蕎麦店「そば居酒屋・正しげ」を六年の準備期間を経て出店したそうだ。現在その経験を活かして厦門《アモイ》にて蕎麦居酒屋二店舗を展開している。

「『阿里城』の店は、元々台湾料理店で働いていた妻が自ら鍋を振り、食べていくために始めたんです」と郭さんはいう。「将来お店を持ちたいという妻の夢を実現させたい気持ちもありました。最初の一年は建築関連の仕事をかけもちしながら、毎日夫婦二人で睡眠もろくにとれないまま働く日々を過ごしました。不動産を借りるときには、『お前たちは中国人だから信用できない』と言われ、悔しく悲しい思いをしたこともありますね」

　郭さんは困っているときに、多くを聞かずに二三五〇万円もの大金を貸してくれた友人たちには「感謝しても感謝しきれない。死んでもこのお金を返そう」と決心したという。どんなに苦しいときも、従業員の給料だけはきちんと支払ってきた。「こんなにお店が大きくなるなんて、まったく思いもしなかった」と郭さんは過去を振り返る。「これまでに、人には言えないような大変なことや苦労も経験したけれど、それらの全てがあって今がある。商売とは成功と失敗の繰り返しです。時には困難にも対峙しないといけない。たとえ失敗しても、そこから冷静な考えと正確な行動、そして忍耐力が必要だと学ぶことができました」と静かに語る。

郭さんにとって一番楽しい仕事は、お店での接客だという。「お店でお客さんと交流する時間は楽しく、精神的な満足感を与えてくれます。お客さんから得るもの、学ぶものはとても大きかった。開業してから六年間の、店に立っていたあのころは大変だったけれど、人生の中で一番充実していた時期だったと思います。今は会社が大きくなってしまったから、お店に立つ時間はなかなかないけれど」。当時のエピソードを交えながら話す郭さんは、時折り笑顔を見せ、とても楽しそうだ。

「阿里山を開店したころ、妻はとても頑張っていたので、彼女をサポートしたいと思いました。妻は人一倍努力家なんです。彼女がいたから今があるし、すごく感謝しています。苦しみも喜びもある中で、ただひたすらに一生懸命に歩いてきました。現在、私たちには二〇〇人以上の社員とその家族を食べさせていかなければならないという社会への責任があります。会社を維持し、発展させていかなければならない。まだ道の途中、成功したとは言えないけれど、もっと努力し続ければきっと何とかなると信じています。人生において、有意義なことをしたいですね。自分のため家族のため、そして、人のためになる仕事を」

物静かに淡々と語りながらも、成功への信念と事業への情熱の炎が、郭さんの瞳の中に静かに灯っていた。

福建省福州市の隣、福清市は華僑の故郷の一つとして広く知られている。華僑の家といえば、客家の土楼をイメージする人も多いと思うが、土楼のように一族郎党が暮らす建築様式は他にもある。

華僑というのは、海外で生活する中国籍の人たちのこと。様々な人が、それぞれの環境のもとで華僑になってきたのだ。福建華僑の特徴として、家族や身内をとても大切にするということが挙げられる。成功した華僑はその成功を独り占めするのではなく、家族や身内にも分け与えることでより大きい幸福を目指すというものだ。

例えばこの、一見博物館か巨大な倉庫にも見える家を建てたのは、インドネシアで成功した華僑である。彼はインドネシアで成功した資金を元に、その親族が安心して生活できる場所

を作り出すことに成功したのだ。居場所を作り教養を与えることで、家族や身内の知識や活動の幅を広げていこうとする華僑の人たちは、個人の限界を誰よりも知っているのかもしれない。限界を知っているからこそ、最も信頼のおける人たちを大切にし、時には自らを犠牲にしても後進のための道を切り開く。自らの信念と違う人とぶつかったとしても、迎合せず、争おうともしない。恐らく長い年月をかけて受け継がれてきた華僑の血が、文化の違う世界の中で生きていく方法を、知らず知らずのうちに伝えているのかもしれない。

この家には今は住んでいる人はいないが、ここには最大約三〇〇人の人たちがともに生活をしていて、その大半が海を渡り華僑になったのだという。華僑になった人たちは、先人同様に故郷の後進を想い、今も各々の想いを形にしていっている。

華僑に対して様々なイメージがある人はいると思うが、華僑の人たちの根底は、純粋な愛だと思う。膨大な時間の流れの中で、自らに所縁のある人たちを少しでも助け、素晴らしい文化を後世につなげるための手法を考えようとする人たちだ。最近の日本には、無趣味で多くのことに興味を持たない人たちが増えているように思う。これは、ある時期から強制的に侵食してきた異文化に対しての虚無感から来る必然なのかもしれない。

華僑を深く知ろうとすると、その時代を経験していないにも関わらず、不思議と祖父や祖母たちの生きた時代、いや、それ以前のこの国の社会の形と似ている気がしてしまう。華僑や福建商人を深く知っていけば、遥か昔の、この国の姿も見えてくるのではないだろうか。

Interview

圧倒的スピード感で躍進する若き女性起業家

辛いときほど幸福も たくさん感じられるから

在日新華僑実業家
アイエフシー株式会社代表取締役社長　陳娟氏

福建省福州市生まれ。大学在学中にアルバイトで始めた不動産の仕事でトップ営業マンになったのを機に仕事の面白さに目覚める。大学中退後、本職として営業の仕事をするが体調を崩して退職、休養期間を経て来日。アルバイトを経て個人事業主として携帯電話修理サービス事業等を開始し、全国でフランチャイズ展開を進める。2014年9月アイエフシー株式会社設立。現在直営店18店舗、FC加盟店100店舗以上。設立2年未満にして急成長中。日本福建経済文化促進会元副会長。

陳娟

全国に直営店一八店舗とフランチャイズ一〇〇店舗以上を展開する若き女社長。ジェットコースターのような苦難続きの人生ストーリーを語りながらも悲壮感を感じさせないのは、やはり彼女の底抜けに明るくポジティブな性格と、小さな体から想像できないほどの圧倒的なバイタリティの成せる業だろうか。通信機器の修理・買取り・販売や携帯電話修理店ＦＣ事業他を、大宮を拠点として経営するアイエフシー株式会社代表取締役・陳娟さんにお話を聞いた。

中国福建省の大学在学中、不動産営業のアルバイトを始めた陳さん。トップの営業成績を収めたのがことの始まりである。アルバイトはやりがいもあり楽しく、大学を中退して仕事を続けることを決心。しかし、その後、働きすぎで大きな病気を経験したことが人生の転機となった。「病気をして、人生を見直すきっかけになりました。そして、海外に行って広い世界を見たい！と思ったんです。不安よりも『自分ならどこに行っても成功できる！』と信じていました」と陳さんは語る。かくして心配する両親を説き伏せ来日することになる。

当時、日本語力ゼロ、所持金わずか五万円の陳さんは、まずは知人を頼って仕事を探すことにした。その時教わったサバイバルフレーズは「陳です」「日本語分かりません」「頑張ります！」の三種類だけだったという。しかしこの三つのフレーズを駆使して、たったの三日で所沢のホテル内の中華レストランでアルバイトの仕事を得ることに見事成功。職場にはコック以外に中国人は陳さん一人だったが、「パートのおばちゃんたちに可愛がられ、親切にしてもらったあの一年間は一生忘れない」という。しばらくして、「成功へのステップを上るためには東京へ行く必要がある」と考えた陳さんは、銀座の高級中華レストランに転職して社員となった。夜は牛丼チェーン店、さらに弁護士通訳のアルバイトと両立させながら四年間勤務。そして、二〇〇八年、二〇代の若さで大宮にマイホームを獲得する。そこに至るまでには徹底した節約、貧しい生活を過ごした時期があった。粗末なアパートに一人暮らし、スーパーで特売の日にまとめ買いした冷凍のシャケを一日三食、毎日毎日食べ続けた。バス代節約のためには台風の日も雪の日も往復一時間の道のりを歩いて通った。「いまでも和食屋さんやお弁当に焼いたシャケが入っているのを見ると、あの頃を思い出して吐きそうになりますよ。お寿司とか刺身のサーモンは大好きなんですが（笑）。他にも色々ありますよ。隣の家の柿の木の枝が私のアパートの敷地に突き出ていて、そこにぶらさがっている柿の実を見て、落ちないかな、落ちたら食べたいな…と思いながら毎日待っていたんです。風の強いある日、ついに柿が落っこちた。半年も待った柿ですよ！　喜んで拾って、それで切って食べてみたら、なんと渋くてまずかった。……あの時は泣きながらまずい柿を食べましたね（笑）。お金もなくて本当に苦しかったけど、それでも夢があったから、毎日一生懸命働いて楽しかったですね」と笑顔であっけらかんと話す。

そんな試練の生活を送る陳さんに転機が訪れる。世の中の動向と市場を見て、

「今後は携帯電話、iPhoneの安くて早い修理サービスの需要が拡大するだろう」と考えた陳さんは行動を起こす。まず福建省時代の同級生が経営する名古屋の工場を訪ね、基板の修理実務を指導してもらい、二日間で基本を習得してしまう。「これなら私でもできる。私でもできるなら、フランチャイズ展開して、他の人もやれるはず！」そう直感した陳さんは、個人事業主として自宅で修理サービスを開始。短期間の研修で習得できる参入しやすい商品サービス、加盟金不要のビジネスモデル、そして陳さんならではの丁寧なフォロー体制が受け入れられ、順調にフランチャイズ加盟店を増やし、二〇一四年にはアイエフシー株式会社を設立した。「今の日本は失業率が高い。一人でも多くの人が仕事を得る手助けになればと思い、ハローワークと連携して研修事業を行っていきたいと思います。これまで多くの日本人にお世話になったから、少しでも仕事で恩返しができたらいいなと思います。今は日本人の支援が中心ですが、今後は在日中国人にも独立開業の道を提供できるよう支援していきたいと考えています」と陳さんは事業への想いを語る。

日本に来てから起業し、これまでの道のりは平坦ではなかった。仕入れで工場に騙されて六〇〇万円の損失を出したこともある。一時期はあらぬ誤解から、警察騒ぎになったこともあったという。「中国人だから」と言われて疑いをかけられたことが悔しく、そして悲しかった。「私は中国人だから、差別されたり疑われたりするからこそ、もっと努力して日本人よりも能力をつけないといけない。法律もしっかり勉強して絶対に成功してやると心に誓いました。それに、そんな騒ぎがあっても加盟店は一軒もやめずに私を信じてついてきてくれたんです。この人たちに必ず恩を返したいと思いましたね」と陳さんは振り返る。口調はおだやかだが、当時の憤り、事業への真摯な想いがひしひしと伝わってくる。「人間って、辛いときほど幸福もより多く感じることができるんですよね。どんなに辛いことがあっても、家族と従業員、守るべきものがあるから必ず乗り越えよう！と思える。いつも一日の終わりにお風呂に入って、今日の出来事を振り返るんです。失敗したなと思うことがあっても、反省して翌日に残さないようにしています」と語る陳さん。多忙を極める社長業と家庭の両立生活では自由になる時間は少ないけれど「自分で自分を説得して」少しでも時間を作り出すことが大切だという。

「どんな仕事でも、まずは愛して全力で努力する。そうすれば周囲のみんなから愛されて、やがて仕事からも愛される。そして必ず成功できる。そう信じています」

すべての働く人に応用できる仕事へのモチベーションアップのキーワード——。取材帰路の電車の中、陳さんが笑顔で語った最後の言葉を思い出しながら、自分の中から熱いエネルギーが湧いてくるのを感じた。

芸術や音楽好きの若者に人気の個性的な村

厦門《アモイ》島東南部に位置する曽厝垵《ゾンツオアン》は、面積がおよそ六・五平方キロの小さな村だ。

かつては静かな漁村に過ぎなかったが、今では再開発が進み、古い民家を改装したカフェ、レストラン、バー、雑貨店などが立ち並び、若者に人気のお洒落なスポットになっている。

曽厝垵の「厝垵」というのは、閩南語の方言で「村」という意味。村の入り口の環島路沿いには、保生大帝や媽祖を祀った霊廟が二つある。保生大帝というのは、医学や長寿をつかさどる道教の医神。閩南地方では守護神として信仰されている。媽祖というのは、航海・漁業の守護神として中国南部の沿海地域や台湾を中心に広く信仰を集める道教の女神だ。福海宮という霊廟は、保生大帝と媽祖の両方を同じ廟内に祀っているが、こうしたケースは閩南地方でも非常に珍しい。

この村の人々は道教だけでなく、仏教の信仰にも熱心で、村には寺もある。また、村の中心にはキリスト教の教会がある。長い歴史を有するこの教会には、村の住民だけでなく厦門港やコロンス島からも信者が訪れ、毎週日曜日の午前中には礼拝が行われている。

こうした有名な神仏ばかりではない。厦門には他にも民間信仰がある。かつて海辺に住んでいた実在の少女が、生活苦を嘆き海に飛び込み命を絶った。彼女の遺体を見つけた漁師は、曽厝垵の海辺に葬ったという。その後、この村の人々はこの少女を聖媽と名付け、漁師の保護神として先祖代々崇拝してきた。

漁業を営んでいた村の人々は、漁をやめ、民宿経営で生計を立てるようになった。最初にやって来たのは画家。彼らは安宿をアトリエとして長期滞在し始めた。次にやって来たのは音楽家だ。海や山に囲まれたこの村は、音楽家のインスピレーションを刺激するらしい。そして今は、この村の評判を聞きつけて、中国国内のみならず、海外からも多くの観光客が訪れるようになった。

廟とカフェの一体化

中国中、いや世界中探しても他には見当たらないような、とてもユニークな「テンプルカフェ」。廟の中にあるため、地元の人々からは「廟吧《ミアオバー》」と呼ばれている。すでに使われていない廃れた廟を改装したカフェというのならまだ分かるが、ここは驚くべきことに、現在も廟として使用されている現役の廟をカフェとして使用している。この廟には、地元・曽厝垵で最も多い曽家の先祖が祀られている。毎年、清明節と冬至の二日間は曽家の人々が先祖の墓参りに訪れるため、テンプルカフェは廟としての本来の役割に専念する。建築様式は福建省南部のほとんどの廟と同様、大きく反り返った屋根が特徴の典型的な閩南様式。濃く色鮮やかに描かれた門神（門の扉に描かれた魔除けの神像）や建

物の壁面や、門に施された繊細な彫刻が、豪華絢爛な雰囲気を醸し出している。

　中に入ると、漆塗りに金色で文字が記された位牌が置かれ、紫檀の香炉台には数々のお供え物が供えられている。週末ともなると、カフェは客で溢れ返る。金髪の外国人客も多く、このカフェにいると、時代も場所も錯綜したような感覚を覚える。カフェがオープンしてすでに五年以上経過しているが、場所が特殊なだけに、廟でカフェを営業することについて住民からは依然として反対の声も上がっている。廟という神聖な場所が人の絶えない賑やかなカフェになってしまい、荘厳さが失われてしまったと嘆く人々がいる一方、曽一族の住民の中には、「ひっそりとした寂しい廟が、カフェになって大勢の人々が訪れるようになったので、ご先祖様も寂しくないだろう」と語る者もいる。

閩南様式の古い邸宅がホテルに

　ここは、閩南様式の古い建物を改築したお洒落なプチホテル。一〇〇年以上前の清の時代に建てられた。村に閩南様式の建築物が数多くあるが、当時の状態を最も良く残しているのがこの建物だ。安らぎを感じる屋根裏部屋、木の扉などに施された繊細で優美な彫刻、静かで落ち着いた中庭など、随所で歴史の重みを感じることができる。この古い屋敷は、フィリピンのルソン島に移住していた華僑が、清の官僚から買い取ったものだと言われている。この家の主だった華僑は、ルソン島で真珠の養殖業を営んでいた。ここで養殖された巨大な真珠は、かつてイギリスのヴィクトリア女王の王冠に使用されたという。とはいえ、それはもう随分昔のこと。今の家主は、村で農業に従事しながら医療に携わる「はだしの医者」だった人物だ。彼は後に、この建物の周辺にも何軒かの家を建てたが、建物が老朽化した後は、修復せずそのままの状態で放置していた。その後、広東省の羅という若い女性が、この建物を借り上げて改装し、プチホテルとしてオープンした。

若い女性オーナーは、店をオープンしたいきさつについて、あるサイトにこう記している。「私はかつて、デザイナーとして毎日遅くまで残業する日々を送っていた。忙しくて時間の余裕など全くない、そんな生活に耐えられず仕事を辞め、その後は友人たちと曽厝垵に何度も遊びに行くようになった。この村の自然や素朴で静かなところがすっかり気に入り、この村に住むようになった私は、ある日大家さんから『近所の人が家を貸し出すらしいけど興味はあるかい?』と聞かれた。よく考えた末、その家を見に行くことに決めた。門をくぐり、家を一目見た途端、気に入った。一目惚れだった」

Special Report

日本の経験や事業モデルを生かし

中国「シルバー産業」の発展を目指す

在日新華僑実業家
霓虹堂健康産業株式会社代表取締役　陳茗氏

1980年代に日本に留学、中央大学で経済学博士号を取得。国家社会科学基金など10以上の研究プロジェクトを主宰。現在、厦門大学人口研究所、中央大学経済研究所などで教育・研究に携わるかたわら、泉州華光健康養老産業学院院長、厦門市思明区政府養老産業顧問、一般社団法人日本健康福祉産業協会常務理事、NPO法人日中親善教育文化ビジネスサポートセンター顧問も務める。霓虹堂健康産業株式会社代表取締役。霓虹堂(厦門)投資有限公司、泉州市霓虹堂養老産業有限公司、霓虹堂(貴州)健康養老有限公司、霓虹堂(無錫)康養器械有限公司(準備中)など、グループ企業の董事長や役員を務める。

陳茗

中国の人口高齢化は、日本を凌ぐペースで推移すると予想される。二〇〇〇年に六・九六%だった高齢化率は、二〇二五年前後に一四%、二〇三五年前後には二〇%に達し、超高齢社会に突入する。絶対数では、二〇四〇年までに三億人を突破、二〇五〇年には八〇歳以上の人口も一億人に達する見通しだ。今日の米国の総人口が三億人であることを考えると、中国はとてつもない規模の「高齢者大国」に生まれ変わることになる。

こうした高齢者人口の増加が、シルバー産業に巨大な市場をもたらすことは疑いない。私が主宰する国家社会科学基金研究プロジェクト「シルバー消費とシルバー産業の発展研究」の研究グループの試算では、二〇五〇年にはシルバー市場の規模が四八兆五二〇〇億元（二〇一五年の約一六倍）、シルバー産業は二一兆九五〇〇億元（同約四五倍）に達

すると見ている。消費市場全体に占める高齢者消費の割合は二九%、経済全体に占めるシルバー産業の割合も二三・五%に達し、欠くべからざる基幹産業となるだろう。

日本との比較を通じて見た中国シルバー産業の現状

我々の研究グループはシルバー産業を以下の六つの業種に分け、その評価を行った。

①施設高齢者介護業。ここ数年で大きく発展したが、送迎車両や温冷配膳車、シャワーキャリーなど、日本の介護施設では一般的な設備が欠けている。また、介護スタッフの平均年齢は四〇歳超（ほとんどが農村出身者）で、日本より一〇歳前後高い。これらは中国の施設高齢者介護業発展のボトルネックではあ

るが、一方で事業モデル刷新のビジネスチャンスでもある。

②在宅高齢者介護サービス業。シルバー産業のメイン分野であり、福建省でもデイサービスセンターを今後五年で三〇〇カ所まで拡大予定だ。デイサービスセンターの問題点としては、特に「身体介護」などの欠如がある。これらの改善には、日本のいわゆる「小多機（小規模多機能型居宅介護）」が大いに参考になるだろう。また、厚生労働省が推奨する「品川方式」も興味深い。

③福祉用具製造業。現在は品種や利用率の低さ、情報・購入ルートの欠如が問題だが、「第十三次五カ年計画」では介護製品の供給拡大、研究開発や応用の推進、展示・体験スペース設置の奨励、リース市場の発展が提起され、追い風となっている。日本では九三年の「福祉用具法」により、バブル崩壊後の過剰生産能力が福祉用具製造業へ向かった。当時の日本と似た状況にある中国は、日本企業にとって市場進出のチャンスだ。

④高齢者向け不動産業。活況だが、実際にはプロジェクトの多くが一般の不動産開発である。今後は、ＣＣＲＣを基本に、長期的かつ充実したサービスをいかに提供するかが課題だ。この点では、参議院協会理事長の宮崎博士と見学したサンシティ銀座に大いに触発された。

⑤高齢者向け金融・保険業。現在、サービス提供の主体は中・小型銀行であり、大手国有銀行の参入はいまだ不十分である。だが、五〇年代・六〇年代生まれには高所得者も多く、今後の需要が大きい。なお、最近、私はフランスベッド中国支社長の田原氏に啓発され、中国建設銀行厦門《アモイ》支社主催のシンポジウムで、福祉用具のファイナンスリースをテーマに基調講演を行った。

NIJIDO

霓虹堂

信念 信用 信心

⑥高齢者向けレジャー・文化事業。発展の途上にある。億人単位の高齢者、低い退職年齢や再就職率を考えると、中長期的に見た場合、発展の可能性は大きい。

霓虹堂は高齢者の夢と希望を応援する「虹の架け橋」

霓虹堂《じこうどう》は、霓虹堂健康産業株式会社、霓虹堂（厦門）投資有限公司、霓虹堂（貴州）健康養老有限公司、泉州市霓虹堂養老産業有限公司、霓虹堂（無錫）康養器械有限公司（準備中）、および関連施設からなる。霓虹堂健康産業株式会社は、日本貿易振興会

（ＪＥＴＲＯ）編纂『日本シルバー産業渉外企業一覧』に名を連ね、霓虹堂（厦門）投資有限公司と霓虹堂（貴州）健康養老有限公司は、それぞれ現地政府高齢者福祉事業の諮問機関になっている。

霓虹堂の主業務は、中国における高齢者サービスの質の向上のため、「介護施設の企画と運営」、「シルバー産業人材の育成（介護実習生の研修と派遣を含む）」、および「介護製品の販売と展示場の運営」の三分野に注力している。また、年二回の「日本シルバー産業視察団」の派遣なども行ってきた（二〇一九年三月に第二回）。さらに、日本・御殿場市と中国・厦門市にて、それぞれ「第一回日中韓健康福祉シンポジウム：シルバー産業人材の育成」と「第二回日中韓健康福祉シンポジウム：居宅支援システムの構築」を共催した。

高齢化を巡る問題が深刻さを増す中国が、日本に学ぶべき点は多い。また、中国の高齢者市場には大きな可能性があり、中・日両国の介護関連企業の相互補完性も強い。もちろん、中国市場に参入する場合、明確なポジショニングと長期的な視野、綿密な準備が欠かせない。我々霓虹堂は、高齢者の夢や希望を応援するため、中・日両国の「虹の架け橋」になることを目指している。

ぜひ引き続き応援いただけるよう、お願いしたい。

65歳以上人口の割合の推移（G7と中国）

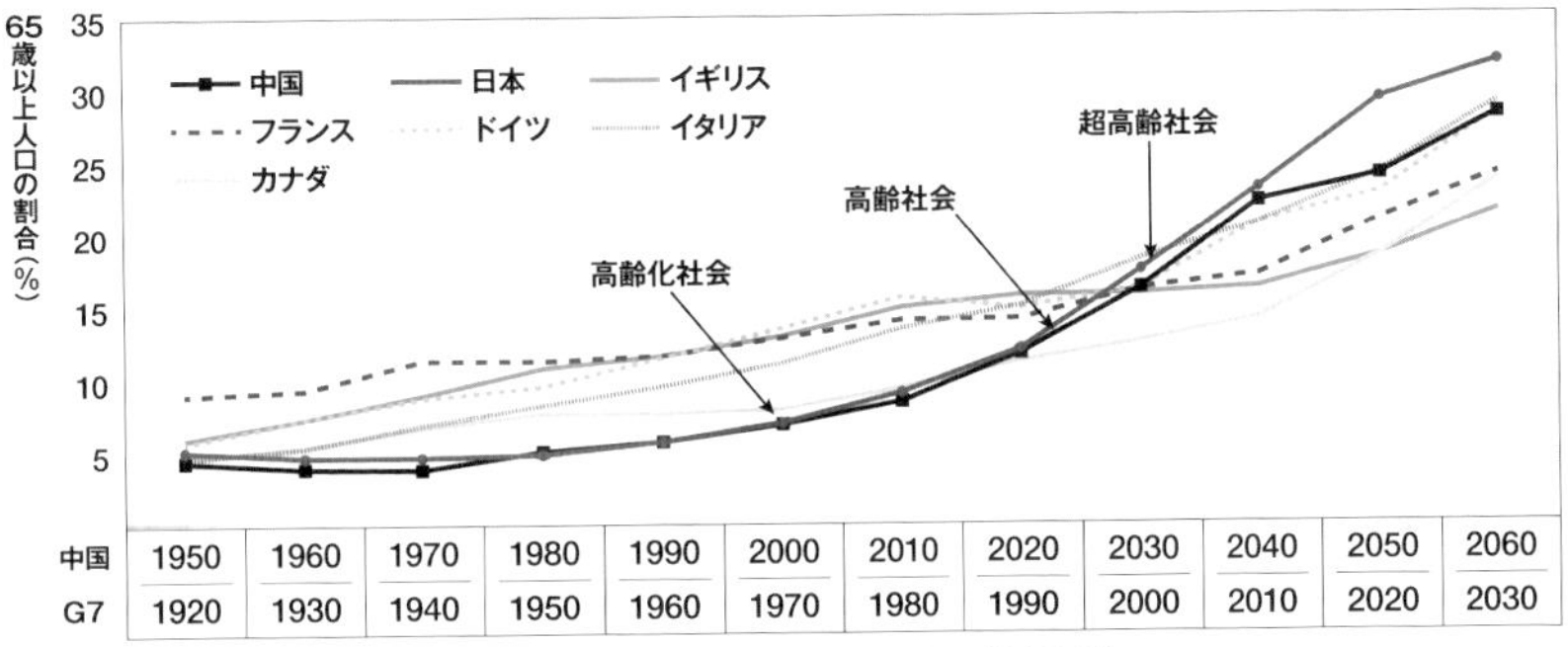

中国：UN.（http://esa.un.org/unpd/wpp/unpp/panel_population.htm,16-08-14）
G7：日本国立社会保障・人口問題研究所『人口統計資料集』（2017）

シルバー市場とシルバー産業規模の予測

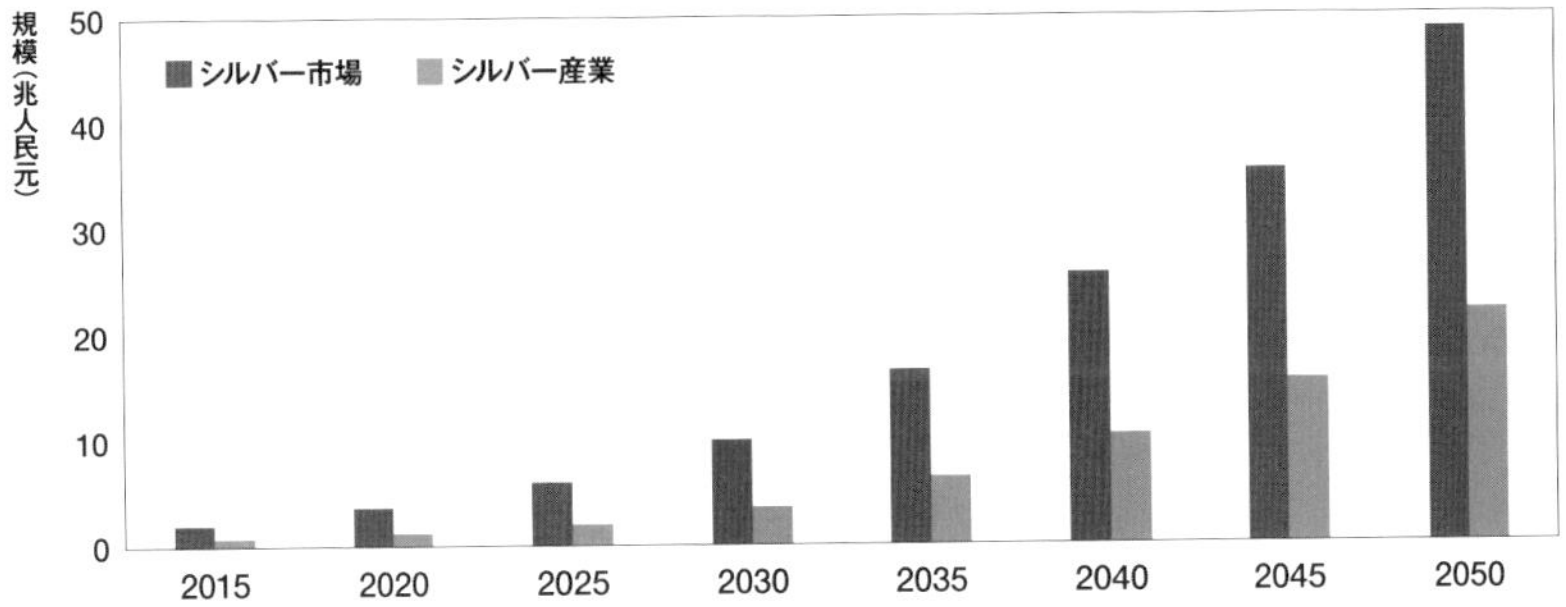

出所；陳茗等；国家社会科学基金《養老消費与養老産業発展研究》報告書

華僑のふるさと〜東アジアの禅宗の聖地

生粋の福建人であっても、黄檗文化の成り立ちをよく知っているとは限らない。ところが、はるばる長崎からやって来た僧侶や客人たちは、黄檗文化の歴史を自らの家宝のように熟知している。それは、遥か三五〇年も昔の明朝末期に、高僧・隠元がこの禅宗の重要な一支流を日本にもたらしたからである。興福寺の僧侶や在家信者を始めとする長崎の唐人たちの熱心な要望を受けたことが、隠元が日本に渡った直接の理由だった。

こういった歴史について、さらに詳細に語ってくれたのが、同じくこの地に生まれ育ち、京都の大谷大学で黄檗文化を専攻し、博士号を取得した厦門《アモイ》大学の林観潮准教授である。教授は黄檗宗の発展の歴史と隠元の来日前後のいきさつについて平易に解説し、私たちの蒙を啓《ひら》かせてくれた。

福建省の福清市といえば、華僑が多いことでつとに内外に知られているが、中国仏教における禅宗の重要な伝承の地でもある。仏教はインドから中国に伝えられた後、天台宗・華厳《けごん》宗・律宗《りつしゅう》・密宗《みつしゅう》・法相宗《ほっそうしゅう》などの宗派を生み、さらに東アジアの各国に広がった。隋・唐時代には、日本から大規模な遣隋使・遣唐使が求法《ぐほう》のために派遣され、日本仏教発展の基礎となった。宋・元代には禅宗が日本に伝わり、日本の禅宗の基本となる流派が形成された。明・清代には中国仏教は全体的に衰退に向かったが、明末清初には二〇〇年以上にわたる復興期を迎えた。とりわけ江蘇・浙江・福建などの東南地区では隆盛を極め、その影響は再び日本にまで及んだ。このとき重要な役割を果たした代表的人物が、現在の福建省福清市に生まれた隠元大師であった。

偉人ゆかりの地～高僧、世に顕わる

隠元隆琦（一五九二～一六七三）、本名林曽昺《りんそへい》は、今の福清市上逕鎮《じょうけいちん》の東林村に生まれた。六歳のとき、父親が湖南省へ商売に行ったまま消息を断ち、一家は没落した。二一歳の林曽昺は父を尋ねて江西・江蘇・浙江などを巡ったが、その行方は分からなかった。道中、香船（渡し船）で普陀《ふだ》山へ渡って南海観音に参拝し、彼の地の仏教の荘厳さを目の当たりにして、豁然《かつぜん》として俗念を捨て去った。発心《ほっしん》して庵を結ぶと、観音洞の主に従って出家し、翌年には茶山の老僧を師として入門した。間もなく故郷の福建に戻り、老母に仕えてその死を看取り、二九歳の彼はそのまま福清黄檗山の万福寺で鑑源興寿のもとで得度《とくど》し、剃髪して僧侶となった。鑑源によってこのとき法名を隠元、字を隆琦と定められた。

このとき福清は、時に名宰相の葉向高《ようきょうこう》（一五五九～一六二七）の政権下にあった。葉宰相は詩文に長じ、福清の儒学の復興に尽力し、熱心な仏教の保護者でもあった。同時に、福清では海上貿易によって日本、特に長崎港との間で盛んに往来が行われていた。長崎の唐人の中に生まれた五〇あまりの唐通事《とうつうじ》の家系のうち、福清を原籍とする家系は五家に上った。「福清籍の唐通事は高い文化的教養と国際感覚を備え、中日交流において自在に活躍した」（林観潮著『隠元隆琦禅師』）。彼らは仏教を信仰し、隠元の招請を強力に推進した。天の時、地の利、人の和が重なり、ここに歴史に残る高僧が出現したのである。

隠元、海を渡る～日本に与えた影響

崇禎《すうてい》一〇年（一六三七年）、隠元禅師は黄檗山万福寺の住職となったのち、広く布施を募って寺院を拡張し、万福寺を中国東南部の名刹に育て上げ、三〇名の僧侶・在家信者を率いて廈門から日本に出航し、相次いで長崎の興福寺と崇福寺、摂津の普門寺（現大阪府高槻市）に滞在した。一六五九年、日本の朝廷は京都の宇治にある醍醐山麓の一万坪の土地を隠元に下賜《かし》し、新たな寺院を建立させた。それは往時の中国の制度に倣って作られた寺であり、「黄檗山萬福寺」と命名された。隠元は宋に渡った求法僧である栄西・道元を開祖とする臨済宗・曹洞宗に次いで、独自に旗幟《きし》を立てて「黄檗宗」を開き、開山の鼻祖《びそ》となったのである。一六七三年、天皇は隠元に「大光普照国師」の称号を与えた。

徳川幕府の強力な支持のもと、黄檗宗は驚異的な速度で発展し、一派の寺院は日本各地に広がった。延享《えんきょう》二年（一七四五年）までの一〇〇年足らずの間に、総本山の京都黄檗山萬福寺以外に、日本各地の黄檗宗の寺院は一〇四三カ所に上った。二〇〇〇年時点で、登録上の黄檗宗の末寺はなお四六一カ所存在する。二〇〇三年の黄檗宗の信徒はおよそ三五万人である。推計によれば、現在の日本で黄檗文化の影響を受けている人々は一〇〇〇万人以上に上るとされている。

隠元は来日から円寂《えんじゃく》までの二〇年間、黄檗宗の教えを広めることに尽力した。福建の泉州から彫刻師の范道生《はんどうせい》を招いて仏像を作らせ、さらに新たな黄檗宗の戒律を定め、中国仏教におけるいにしえの黄檗宗の伝統と格式を日本に普及させた。また隠元は座禅を浄土宗の作法に取り入れ、座禅とともに心の中で「南無阿弥陀仏」と念じることとし、その「禅浄双修」(禅と念仏を併用する修行法)の考え方と密教の祈祷主義を融合した仏教思想の特色は、日本の仏教界を刮目《かつもく》させた。

隠元は広い知識を持ち、詩文と書のいずれにも優れていた。著書の『広戒法儀』、『語録』一〇巻、『雲濤集《うんとう》』一冊は、仏教における貴重な遺産ともなっている。隠元が日本にもたらした禅宗の教義・建築・文学・言語・絵画・書・彫刻・活版印刷・医薬学・音楽・飲食などの知識は、日本では「黄檗文化」と呼ばれている。

日常生活の中でふだん食べられている「隠元豆」は、隠元が日本にもたらしたものである。日本の寺院で使われる木魚や、食膳のまんじゅう、ごま豆腐、せんべい、果物鉢、けんちん汁、てんぷら、れんこんと蓮の実の吸い物も、隠元が伝えたものである。一つの食卓を四人が上下の別なくともにし、精進料理を味わう飲食習慣は、「普茶料理《ふちゃ》」と呼ばれ、現在に受け継がれている。日本の煎茶道も隠元が伝来の始祖であるとされ、煎茶道の全国大会が毎年、京都の黄檗山萬福寺で行われている。

Interview

港町横浜、バーテンダーからの出発

底抜けのバイタリティで繁華街を駆け抜ける！

在日新華僑実業家

東方紅実業株式会社代表取締役　陳宜華氏

1961年、福建省福清市生まれ。東方紅実業株式会社代表取締役。横浜華僑総会理事、日本福建経済文化促進会横浜分会会長、横浜福建同郷会理事、全日本華人促進中国平和統一協議会監事。1986年来日後、写真専門学校と日本語学校へ通学しながらアルバイトでバーテンダーの仕事を始めたのをきっかけに、洋酒や飲食業の世界の面白さにはまる。以来、横浜・山下町の有名店であるバー「サー・ジョーンズ」で修業を積み、店長を任された後に同店の経営者となる。市内各地で火鍋専門店や焼き肉店などの飲食事業を手掛けながらも、時代ごとに合わせたスタイルで一貫して同地で看板名を守り続ける。2018年11月、イタリアン＆多国籍ダイニングバー「サージョンズカフェ」としてリニューアルオープン。現在、紹興酒や中華食品等の卸事業の会社を経営者として奔走しながら、横浜華僑総会理事として地元である横浜地域と故郷である福建省のために、日本と中国友好を取り持つべくボランティア活動にも貢献している。

陳宜華

小雨降る夕暮れ時。指定された事務所の場所へ向かう。周囲を見渡せば、薄暗くなりかけた街を彩る毒々しい光のネオンが目に飛び込んでくる。横浜随一の繁華街として有名な福富町界隈の一角、酒場や風俗店に囲まれた一軒のビルの階段下。めったに足を運ばない場所に少し居心地が悪いような気持ちで、もう一度、携帯で住所を確認する。すると、向かいの通りから手を振りながら黒いジャンパーにジーンズ姿の精悍な男性が小走りでやってきた。

陳宜華さん、在日歴三二年、福清市出身。現在、紹興酒や食品等の卸会社である東方紅実業株式会社を経営している。来日直後に横浜の老舗バー「サー・ジョーンズ」のバーテンダーとして出発、後に同店の経営者となる。そして、映画『ヨコハマメリー』のロケ地にも使用されたという日本初の火鍋専門店「東方火鍋城」を経営。港街ヨコハマの歴史についてちょっと知っている人間であれば興味をそそられるプロフィールであろう。もちろん、「サー・ジョーンズ」のすぐ近所に暮らす筆者自身も、その一人であった。

港街ヨコハマへ。外国人バーテンダーとしてゼロからスタート

陳さんが来日したのは一九八六年のこと。当時はお金もなく、親戚に助けられての日本生活スタートだった。日吉にある写真専門学校へ通いながら日本語学校で日本語を学び、アルバイトで生計を立てる陳さんが横浜の中心地・関内へ移り住むようになったのは来日二年目のことだった。ほどなくして、横

浜のシンボル「マリンタワー」のふもとの一軒のバーでバーテンダーとして働きはじめることになった陳さん。その店「サー・ジョーンズ」は酒場のひしめく横浜の地でも名の通ったバーであった。時代の変遷に伴い、イタリアンやパスタなどの料理を提供するダイニングバーとして姿を変遷させながらも、一貫して歴史あるこの土地で「サー・ジョーンズ」の看板を守りながら経営を続けてきた。二〇一八年一一月からはリニューアルオープンし、イタリアン料理にプラスして多国籍料理の店として新たにスタートしている。

陳さんが働き始めた一九八七年当時、日本はバブル景気の真っただ中。夜の街も連日にぎやかで、店周辺の山下公園、中華街界隈も週末は遅くまで客足が絶えない時代であった。「景気がよかったから、たくさん稼ぐことができたよね。店長になって任されるようになってからは、イ

お店の前で「サー・ジョーンズ」スタッフと一緒に。市内に多くの自動販売機を設置、管理も行う。「コカ・コーラとペプシの安売りが我が社の自慢！」と陳さん。

ベントを企画したり、お客さんと一緒になって店の前で花火をしたりね。色々と賑やかなことを考えてやっていた時代だったね」と陳さんは楽しそうに振り返る。「当時は中国人のバーテンダーなんて他にはいなかった。たぶん、このあたりでも僕が初めてなんじゃないかな。最初は日本語もできない、ビールも洋酒の名前も何もわからない、もちろんカクテルのことも全くわからない状態だった。店長が酒の瓶を並べた写真を一枚ずつ撮って、カクテルの酒の組み合わせを教えてくれた。そうやって毎日少しずつ、洋酒の名前やカクテルの作り方を覚えていったんだよね。お客さんと話しながら日本語もどんどん覚えていった。そういうコミュニケーションが全部ね、すごく楽しかったよ」

アルバイトのバーテンダーとしてゼロから歩み始めた陳さんは、やがて同店の経営者となる。一〇年間サー・

ジョーンズを経営した後、一九九七年一〇月二五日、夜の猛者たちの集う繁華街・福富町へ進出。新たな一歩を踏み出した。日本で最初の火鍋専門店「東方火鍋城」を開店。その後、長者町で焼き肉としゃぶしゃぶの店「大名城」を開店した。当時のエスニック料理ブームに押されて幸先よいスタートを切った陳さんだが、飲食店に厳しい時代へと突入し、経営方針の転換を迫られた。そして、競売物件だったビルを購入後、現在の食品卸会社をスタートさせるに至った。紹興酒、中国・台湾製ビールの他、肉・野菜類の冷凍食品や缶詰、調味料など、中華料理店向けの食材の輸入販売を広く手掛けている。従業員は現在、アルバイトを含めて一〇人ほど、自らも精力的に動き回る。現在オリジナルの紹興酒ブランド「金塔牌」を新商品として開発中で、二〇一八年年内の発売に向けて準備を進めているのだと、キラキラと少年のように目を輝かせる。

「いいものを安く売る！　それがうちの会社の方針ね」と胸を張る陳さん。すぐ近くにある横浜中華街では多くの飲食店が陳さんの会社から食材を仕入れており、横浜華僑総会の理事も務め、地域の活動にも参加する。テキパキと機敏な働きっぷりに男気を感じさせる人柄、しかし、同時にどこか茶目っ気のある雰囲気。きっとたくさんの同胞に信頼されているのだろうと納得しながら、さらに話に耳を傾ける。

熊本地震での支援活動。日本への想い、中国人としての誇り

陳さんが日本へ居を移してから三一年が経過した。故郷を離れて日本語も全く分からないままに訪れ

た日本。来日当初は言葉で苦労し、アルバイト先では同僚からのいじめもあったという。帰化をしない理由を問うと、「父の名字を守りたい」のだと言う。「中国人として、祖国への強い愛国心はもちろんある。でも今は、日本と日本人にとても感謝して暮らしているね。だから、何か恩返しもしたかったんだ」。陳さんは在日中国人としての心のうちと、熊本地震での支援活動について語ってくれた。

熊本地震発生直後、陳さんは持ち前の行動力を活かし、福建人を含む新華僑のボランティア仲間とともに支援活動を起こす。仲間たちに義捐金を募り、トラック三台とワゴン車一台に分乗した合計一一人のメンバーで二回に分けてトラックを乗り継いだ末、物資と寄付金を現地に届けることに無事成功した。驚くことに、たった数日間の内に寄付金の総額は七八五万円もの大金となった。このときの活動が、陳さんの日本での自分の存在意義、両国の絆を確認するきっかけとなったという。「橋が崩れてしまったり危険な場所も多かったり色々な困難があったけれど、乗り越えることができて本当によかった」と当時を振り返る。

また、普段から多くの人たちと接していて様々な情報通でもある陳さんは、新華僑と老華僑の間を取り持つ仲介役としても周囲から頼られる存在だ。横浜山手中華学校の一二〇周年記念に合わせて多額の寄付もしている。「ボランティアでね、仲間や後輩のサポートや橋渡しのようなことをしているだけだよ」と陳さんは照れて謙遜しながら言う。「来年は中華人民共和国建国七〇周年記念となる年だから、横浜華僑総会理事の仲間たちと一緒に横浜中華街をもっと盛り上げるような活動をしようと計画してるんだ」

インタビューの終盤、ふとまじめな面持ちになって陳さんはつぶやいた。「この日本という国では子供が小さなころからルールを守りきちんとすることが教育されて、それがみんなの習慣になっている。これは素晴らしいこと。中国は、もうちょっと時間がかかるだろうね。でもね、中国人も日本人を見習って努力すれば、国民のレベルがもっと上がると思うんだよね」と陳さん。「まあ、日本と中国は色々と異なる部分があるし摩擦も多いけれど、お互いに尊重し合うことが一番大切だよね！」そう力を込めて言うと、大きく目を見開き愛嬌たっぷりにおどけた表情をしてみせた。

帰り際、「これ、持って帰って！」と陳さんが持たせてくれた一本の紹興酒。就寝前にインタビューでの会話を書き起こしながら、ちびちびと舐めてみる。一際沁みるのは、実は紹興酒が苦手なのと酔いが回ったせいばかりではないだろう。陳さんの男気溢れる気さくな人柄、インタビューの言葉を振り返りながら、喉から胸のあたりがじんわりと温まるのを感じた。

福建の風景——華僑の故郷、廈門

福建省南部に位置する廈門《アモイ》。

明代には福建省の特産品である茶葉の輸出港として栄え、清代には東南アジア貿易の拠点として繁栄した。

中国の五大経済特区の一つとして、今も経済発展を続けている。

華僑の故郷の一つとしても有名で、台湾人や東南アジア華僑には廈門出身の移民が多い。

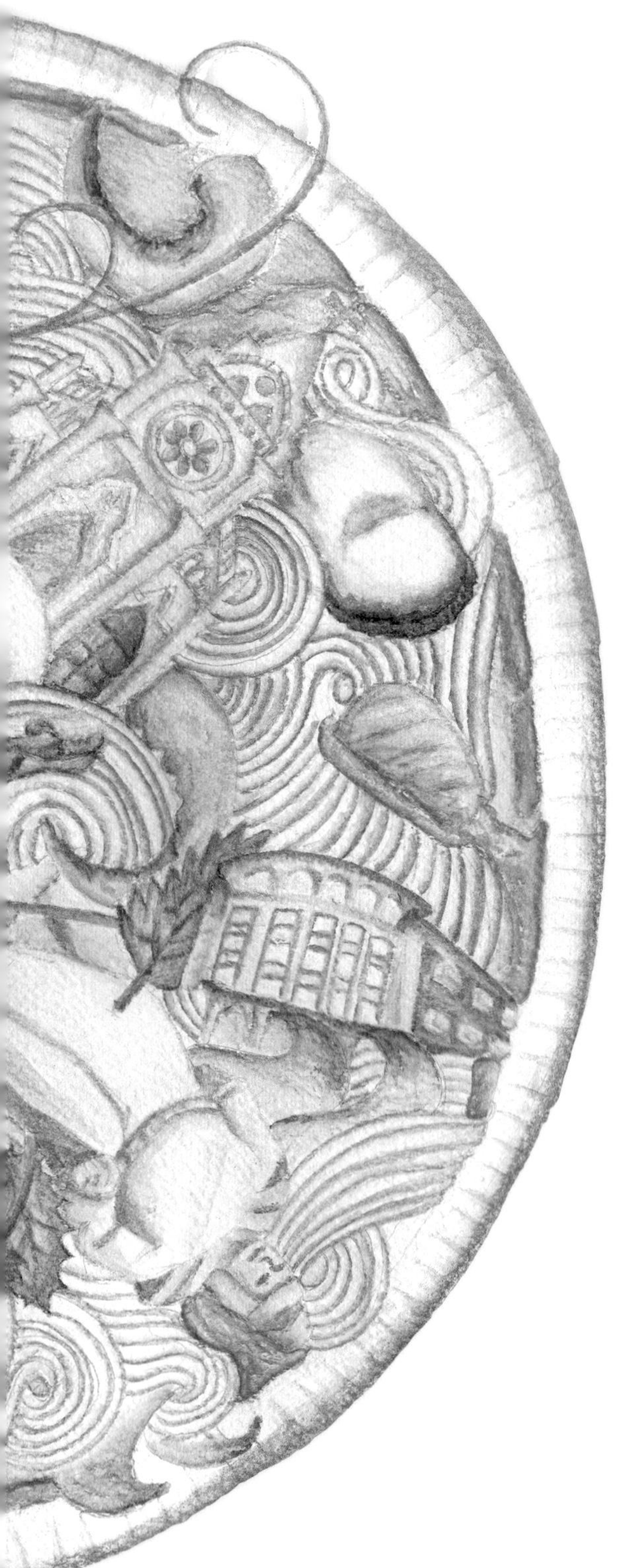

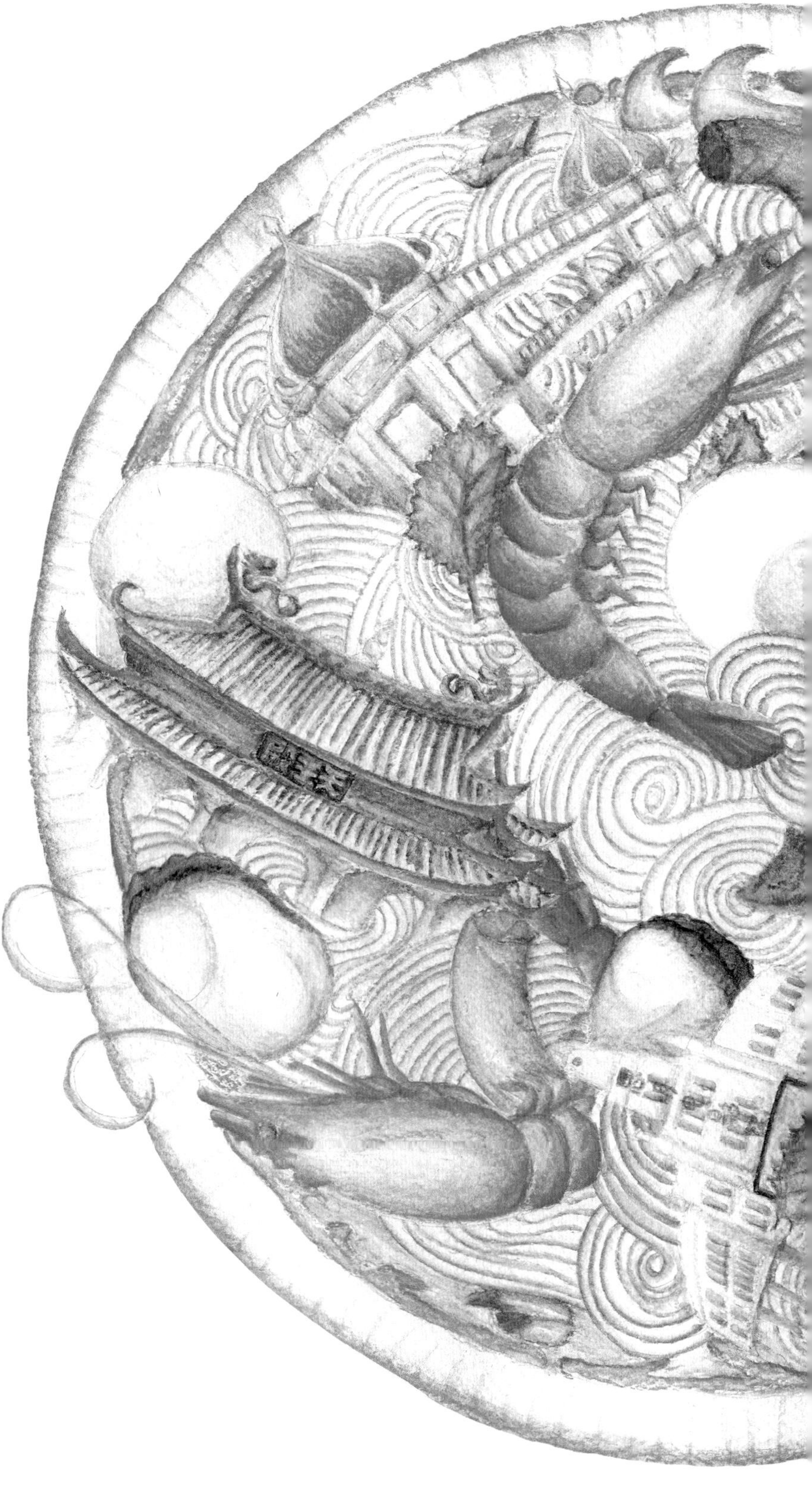

芸術家が集うコロンス島

暖かく降水量も多い厦門は、一年を通じて緑豊かで美しい自然に恵まれている。海に囲まれているため、新鮮な海の幸も豊富だ。また、古くから貿易港として栄えていた厦門には外国の建築物も数多くあり、異国情緒に溢れている。中でも、厦門本島に寄り添うように浮かんでいる小さな島、コロンス島は、アヘン戦争後の南京条約で列強諸国の共同租界がこの地に作られていたこともあり、今も趣のある洋館が立ち並んでいる。

厦門は芸術的な雰囲気に包まれた都市でもある。コロンス島に住んでいた芸術家だけでも、世界的に有名な文学者の林語堂、「朦朧詩」の詩人として知られる舒婷、ピアニストであり作曲家でもある殷承宗、指揮者の陳佐湟など錚々たる顔ぶれだ。実際、コロンス島はピアノの普及率が高く、有名な音楽家を数多く輩出していることから「ピアノ島」「音楽島」とも呼ばれている。

小雨がぱらつく中、綺麗な色の傘をさして歩く。木陰でお茶を飲みながら一息つく。コーヒーの入ったマグカップを片手に、窓の外を行き交う人々を眺める――そんな何気ない日常生活のワンシーンも、厦門を愛する芸術家には、何もかもが新鮮で美しく感じられるのかもしれない。厦門には、そうした魅力がある。

厦門を象徴する味　沙茶とは？

外国文化の面影は、厦門の建築物だけでなく食文化にも表れている。最も代表的な厦門料理は、何といっても「沙茶」だ。厦門の街を歩いていると、至る所で「沙茶麵」の看板を目にするはずだ。

名前に「茶」がつくのでお茶と関係があるように思われるが、インドネシアやマレーシアなど東南アジアで広く食べられている肉料理サテ（インドネシア語でsatay）のソースが名前の由来。福建省で話されている閩語では、茶を「テ(te)」と発音することから、サテを「沙茶」と音訳し、このソースを沙茶醤と呼ぶようになったという。

沙茶醤は干し海老や魚介、唐辛子などの香辛料を煮込んで発酵させたもの。厦門に製法が伝わったのは一九三〇年代のこと。マレーシアで沙茶醤の製法を学んだ華僑の陳有香が、帰国して厦門に「陳有香調味店」を開き、沙茶醤の販売を始めたのがきっかけだ。ところが、本場の味は辛すぎて厦門人の口にあまり合わなかった。そこで、地元の料理人はアモイ人の味覚に合うよう辛さを和らげ、地元産の魚介やピーナッツなどをふんだんに使い、甘さを際立たせた沙茶醤を作り出した。三〇種以上の香辛料の辛みや深み、魚介の旨み、ピーナッツの甘みが絶妙に合わさった厦門の沙茶醤は、こうして誕生した。

沙茶醤は今や中国の代表的な調味料の一つとなり、炒め物や鍋などに幅広く使われているが、麺のスープとして使うのは中国でも厦門だけ。沙茶麺は、沙茶醤を溶かし込んだ豚骨スープに粉末状のピーナッツや調味料を加えた香り高いスープに茹でた麺を入れたもの。具は、魚のすり身団子やエビやイカ、肉、モツ、豆腐、野菜などの中から、客が自分の好みや予算に応じて選んで追加注文する。これこそまさに、厦門人のソウルフードだ。

様々な国の文化が入り混じり独自の文化を築き上げてきた厦門は、バラエティーに富んだ沙茶麺の具のようなものかもしれない。厦門には、そうした楽しさがある。

Interview

１枚の１万円札、１着の服と共に出発した日本生活

横浜・花咲町で咲かせた大きな夢

在日新華僑実業家

有限会社 大賢サービス代表取締役会長　俞雲錠氏

1953年、福建省福清市生まれ。1988年に東京の原宿日本語学院の留学生として日本に来日。2年間の日本語勉学を経て1990年9月、東戸塚に第1店舗となる「中華料理 上海飯店」を出店。それから7年後の1997年、代表として「雲錠食品有限会社」を設立。会社拡大の準備を整えた。1999年に本店を桜木町に移すともに会社名を「有限会社大賢サービス」と改名、中華と焼肉の複数店舗を展開し、順調に業績を伸ばした。その後、会社の代表を家族に譲り第一線を退き、現在は会社の会長として中国へのビジネス展開を検討する。また一般社団法人日本福建経済文化促進会横浜分会常務副会長としても活動中。日本在住の家族構成人数は妻子合わせて8人。

俞雲錠

横浜・桜木町と聞くとみなとみらいの洗練された海側エリアを思い浮かべる人が多いだろう。一方で、筆者を含めた地元の人間や酒好きは、こぢんまりとした飲み屋が軒を連ねる野毛界隈を思い浮かべる人も多い。週末になると競馬新聞を手にした中高年男性の姿が目につく花咲町付近では、近年は昔ながらの店に加えて若者向けの小洒落た飲食店も増えてきた。桜木町駅から「野毛ちかみち」を通って地上へ上がり、音楽通りへ入ってすぐ。中央図書館や野毛動物公園へと続く動物園通りに面した赤い五階建てのビルの一階。店の看板には「ワインバーｃｏｌｔｓ」の文字。隣のインターフォンを押して名前を告げると、グレーのマオ・カラーの服を着た柔和な笑顔の男性が降りてきてドアを開けてくれた。この店の他、数店舗の飲食店、不動産管理会社を経営する俞雲錠（日本名は吉田雄治）さんである。

俞さんは一九五三年生まれ、福建省の福清市出身。父は中国人、母は日本人である。俞さんが来日を志した当時、出生証明の手続きは複雑で、日本への帰国手続き申請から許可が降りるまでに、実に三年以上の歳月を要した。待ちきれず、中国政府から出生資料が準備されるまでの間、俞さんは留学生ビザで来日。日本語学校で学びながらアルバイトをして生活費と中国の家族への仕送りを稼ぐ生活を開始した。一九八八年のことである。

母の故郷・日本へ。新天地への期待と不安

日本人である母の故郷でありながら、俞さんにとってはいまだ知らぬ異国の地、日本。新生活への期待と別れの辛さを胸に抱いて成田空港に降り立ったのは忘れもしない一九八八年四月二九日。当時、一家は貧しく、老人と妻、二人の子供を抱えていた俞さんは日本でお金を稼

いで家族を助けたいという想いを抱えて日本へやって来た。「まさか自ら商売を起こして現在のように発展するなんて、そのときは思いもよらなかった」としみじみと振り返る。

「福清市からバスに乗って広州まで行き、日本領事館でビザを受け取った後、深圳へ行き、そこで一晩あかしてから、香港の親戚の家へ到着しました。当時、日本へは上海から飛行機に乗るのが一般的でしたが、私はお金がないので香港を経由しました。航空券を買うのに五日もかかった。中国元で二三〇〇元だったのを覚えています。親戚から借金して買いました。この切符と一万円札を一枚だけ握りしめて、きれいに洗濯した着替えを一着だけ持って日本へ向かいました」そう言って胸のあたりに両手を当てた俞さん。そう、着替えとして持参したという衣服は、今身に着けているグレーのマオ・カラーの服であった。筆者が思わず感嘆の声を漏らすと、にこにこと恥ずかしそうに笑いながら、しかし、同時に少しだけ誇らしげな光を目に浮かべる。俞さんは当時を思い返すように時々頷きながら、静かに当時の物語を語り始めた——。

ハプニング続きのスタート。日本人の優しさに助けられる

かくして成田空港へ降り立った俞さん。まず税関で最初の洗礼を受ける。親戚にあげるために持参したお土産の半分は差し押さえられ、持ち込むことができなかった。手続きに長時間を費やしたあげく、やっ

と到着ゲートの外へ出ることができたが、時すでに遅し。迎えにきた知人もすでに帰ってしまった。携帯電話もない時代、ましてや言葉も分からない。途方に暮れてただ座って待つ俞さん。長い長い時間の後、はたと電話をかけることを思いつき、警備員に声をかけ、メモを見せながら代わりに電話をかけてもらうようにジェスチャーで頼んだ。しかし、俞さんは一枚の一万円札しか現金を持っていなかったため、警備員は親切にも自分の小銭を使って電話をかけてくれた。こうして無事連絡が取れ、俞さんは横浜の親戚の家に身を寄せることができたのである。

まもなく、俞さんは横浜中華街の肉店でアルバイトを開始すると、日本語学校へ通い始める。日本語学校・朝日学院のある東京・原宿へ向かった初日。中国の学校のように大きい建物だと思い込んでいた俞さんは、道に迷ってしまう。道すがら尋ねても誰一人として分からない。「困り果てて宅配便の配達の男性に地図を見せて尋ねました。身振り手振りで『少し待つように』と言った後、彼は一緒になって一生懸命に学校を探してくれました。日本に来て最初に感動した永遠に忘れられない出来事です。心の底から感謝しています」と俞さんは笑顔で語る。

日本語学校の学生生活をスタートした俞さんは、横浜西口の賄い付きの中華料理店を経て関内馬車道の中華料理店でアルバイトを始める。学生とアルバイトの両立の生活は忙しく大変だったが充実していた。

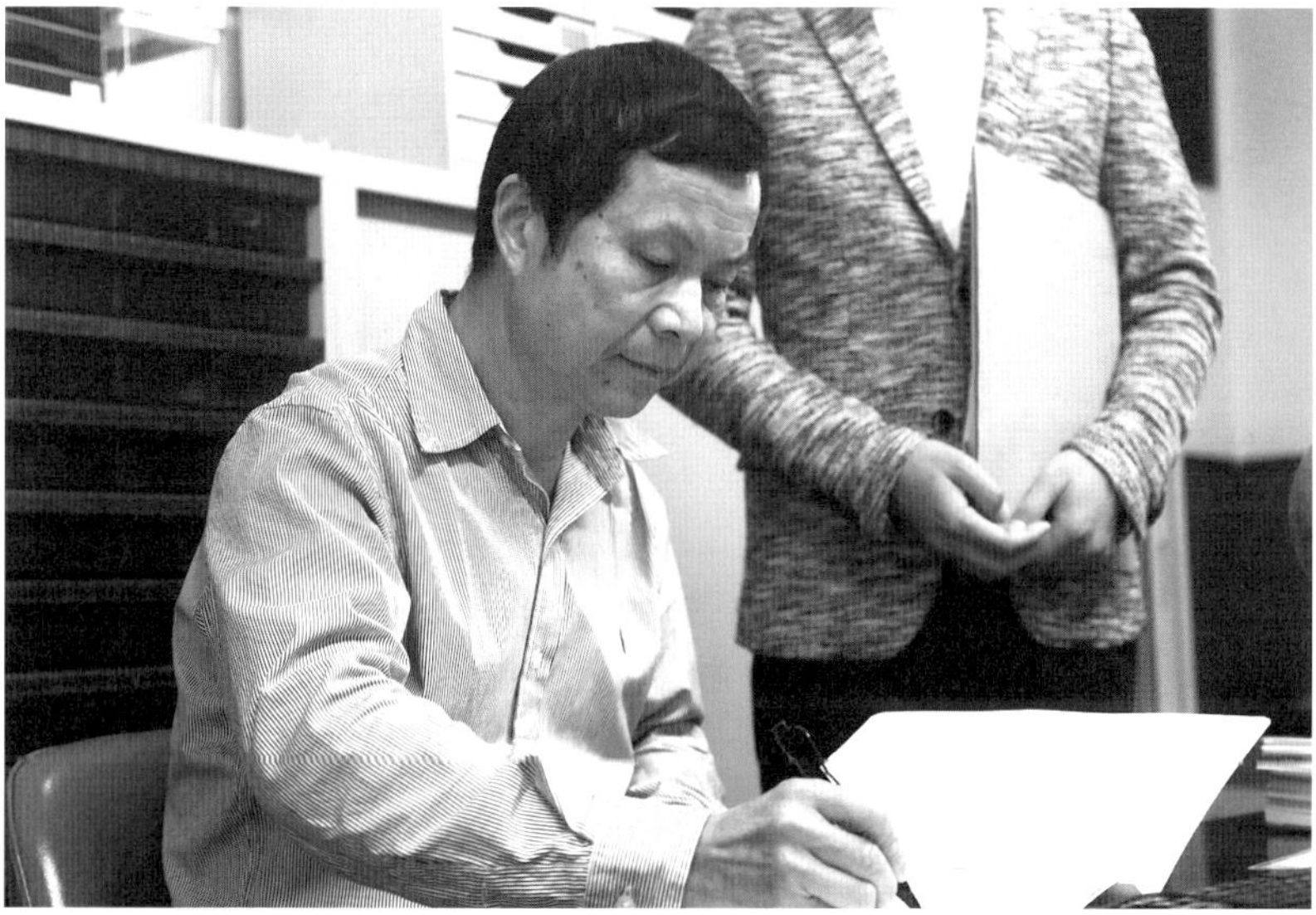

まじめで努力家の俞さんはすぐにオーナーに気に入られ、簡単な料理の作り方を教わっては覚えていった。学校で習った日本語をお客さんや日本人スタッフと使ううちに、日本語も上達していった。仕事を掛け持ちして休みなく働き、一五万円の月収のうち九万円は中国にいる家族に仕送りをしたという。一年半が経過したころ、入国管理局から定住の許可が下り、中国で待っている妻を呼び寄せた。以降、二人で力を合わせて休みなく働いた。夫婦の努力に比例して、生活はどんどん上向いていったという。

自分の店を持ちたい！　という夢
戸塚区で「上海飯店」を開店

半年が過ぎたころ、「自分たちの中華料理店を持ちたい」という夢を抱き始めた俞さん夫婦。一九九〇年九月、横浜市戸塚区に中華料理店を開店する。店名は「上海飯店」である。「分かりやすいと思ったから」と俞さんは笑う。工具や建材を買い、店舗の改修はほとんど全て自分たちの手で行った。店の経営では、接客サービスやマナーなど、アルバイトで自然に身に着けたことが思いがけず役に立った。商売は順調で親戚に借りた借金をまもなく完済、車を買い、中国から二人の子供たちを呼び寄せた。最初の五年間は年中無休で夫婦で懸命に働いた。

俞さんは「店を大きくしたい」という次の夢を持つようになる。物件探しを開始して半年後、現在の桜木町駅近くの野毛エリア、花咲町の物件に出会う。この五階建てビルの三階は住居として、一・二階は飲食店として借りることにした。横浜随一の繁華街という場所に恵まれ、売り上げはどんどん増えた。開店から二年経ったころ、このビルの購入を決意。その二年後、さらに一棟のビルを購入し新しい店を開いた。このようにして、一番多い時期では一二店舗の店を経営し、一五棟の物件を保有していたというから驚きだ。現在ではほとんどの店は親戚に任せ、俞さん自身は不動産管理会社の経営に専念しているという。

現在の想い

俞さんの淹れてくれた中国茶・大紅袍をいただきながら来日当初の物語を聞いていると、帰宅した息子さんが部屋へ入ってきた。こちらへ向かって会釈する息子さんを短く紹介すると、別室に移動する後ろ姿を穏やかな表情で見つめながら俞さんは言った。

「三人の孫にも恵まれ、今の私の日本での生活は安定しています。こうして毎日家族の顔を見られることが一番の幸せです。忙しくて旅行に行けなくても、それが何よりも嬉しいことです」と顔をほころばせる。「自分で造ったもの一つ一つに誇りを感じています。福建人は我慢強く、がんばる気質です。昔の先輩たちが創業したころは、我々よりももっと大変だっただろうと思います」と俞さん。静かにゆっくりと語りながら、その目は少しばかり潤んでいるようだ。「日本へ来る若い中国人の人たちには、日本社会の習慣を尊重してほしい。中国の習慣を押し付けてはいけないと思います。そして、多くの日本人と交流してほしい。両国の友好のために、民間交流は不可欠ですからね」

テレビや映画で見た、昔の中国を彷彿とさせるグレーのマオ・カラー。俞さんの顔と交互に見つめながら耳を傾ける。遠い日、この服を着て空港に降り立ったばかりの俞さんの姿が目に浮かぶようだった。

中山路のすぐそばの沿岸に「鷺江道」という通りがある。ここにある埠頭は、現在はコロンス島と厦門《アモイ》島を繋ぐフェリー乗り場となっているが、元々は福建華僑の人々が異国へと旅立つ場所であり、現地で成功を収めた彼らが故郷に錦を飾るべく帰省する際に到着する場所でもあった。

中山路は全長一・二キロメートル。厦門の繁華街とフェリー乗り場とを南北で繋いでいる。中山路の北端には現在厦門市公安局として使われている建物がある。その場所にはかつて、明の洪武帝の時代に海寇からの防衛を目的として設置された「中左守御千戸所」があった。

何世代にもわたる厦門人の歴史が刻まれている中山路は、異国での一攫千金を夢見て海を渡る人々の夢を運ぶ道でもあったと言えるだろう。

中山路は華僑路

期待と不安を抱えて異国へと旅立つ人々を、中山路はずっと見守ってきた。中山路と華僑とは、最初から切っても切れない縁で結ばれていると言っても過言ではない。一九二〇～三〇年代にかけて、第一世代の華僑は財産を蓄えて帰国し、生まれ故郷に家を構え、祠を建て、結婚もした。そして、莫大な私有財産を市政にも投じたのだ。厦門市で最初に行われた都市計画は、第一世代の華僑の貢献があったからこそ実現できたと言えるだろう。

厦門第一号の大通り、中山路を作ろうとする厦門市の市政会は、二人の大富豪を市政会の主任委員に迎え入れた。

一人は、インドネシアの砂糖王と呼ばれていた黄奕住。彼は製糖事業で成功し、インドネシアで巨

万の富を築いたが、インドネシアを支配していたオランダの国籍になることを望まず、中国に帰国した人物。中山路の建物の三分の一は、黄奕住の投資によるものだ。

もう一人は、「板橋林家（別名：林本源）」の林爾嘉。「板橋林家」というのは、福建省から台湾に渡り巨万の富を築いた一族。日清戦争により台湾が日本に統治されると、林家は莫大な財産を売り払って先祖の出身地である福建省に移住し、コロンス島に居を構えた。

福建華僑たちは皆、長年苦労して築いた財産を惜しげもなく不動産に投じ、中山路はわずか数年で完成した。ちなみに、中山路の不動産投資には、当時華僑のリーダー的存在として有名だった陳嘉庚や胡文虎も関わっている。

東南アジアでよく見られる「騎楼」と呼ばれる建

築様式を取り入れた建物を厦門にもたらしたのも、福建華僑だ。亜熱帯気候に属する厦門では、夏になると台風や豪雨に見舞われる。「騎楼」というのは、二階部分が歩道の上に突き出てアーケードのようになっている建物のこと。異国情緒溢れる独自の建築様式は、見た目に美しいだけでなく、強い日差しや雨、風から身を守ることができ、非常に実用的だ。「騎楼」は厦門に造られるとたちまち人気を博し、思明路や鎮邦路など他の場所でも造られるようになった。

福建華僑は、東南アジアの建築様式をただ単に真似るのではなく、バロック様式やルネサンス様式といった西洋の建築様式も取り入れたほか、建物を飾るレリーフには富貴を象徴する牡丹の花や出帆をイメージする船の図案など、地元福建のシンボルマークとなるデザインも取り入れた。

Interview

運命に導かれてやってきた日本

一度限りの人生、宿命と戯れ使命に生きたい！

在日新華僑実業家
キャセイ・トライテック株式会社代表取締役　中原隆志氏

福建省福州市生まれ。1980年春、中国政府派遣第1期赴日留学生として来日、1991年に東京大学大学院博士課程修了（工学博士）。松下電送システム株式会社の勤務を経て、キャセイ・トライテック株式会社を創業し、中国ビジネスのコンサルタントを手始めに、移動通信関連のソフトウェアと商品開発の第一線で幅広く活躍、その間、2011年夏〜2013年春NEC中国・移動端末事業部総経理に就任。2003〜2011年、経済同友会会員、「新事業創造推進フォーラム」と「外国人が集まる国のあり方を考える懇談会」副委員長歴任。

中原隆志

小雨降る晩秋の夕暮れ時。家路を急ぐ人々で混雑する新横浜駅を抜け、商業地区から少し離れた静かな場所にあるオフィスビルをタクシーに乗って向かう。応接室へと通されて待つと、ほどなくしてビジネススーツに身を包んだすらりとした紳士がやって来た。中原隆志さん、福州市出身。スマートな身のこなしに穏やかな表情、はっきりとした語り口。聞く者が理解しやすいように言葉を選びながら時々ユーモアも交えて話す様には、聞き手への気遣いも感じられる。事前に準備してくれたたくさんの資料やレポートのコピーを挟んで向き合って座る。そして中原さんが話し始めると、さながら大学教授と講義を受ける生徒の教室のようにアカデミックな空気がすうっと部屋の中に漂った。

政府派遣の留学生として来日。勉学とアルバイト、旅行を満喫した東大時代

中原さんは一九七八年中国科学技術大学数学科に入学、一九八〇年春に一八歳で中国政府派遣赴日留学の第一期生として、中国全土から選抜された一〇〇名の内の一人として来日。東京大学に留学し、教養学部から工学部に進学し精密機械工学を学んだ。その後、中国に戻り、再び中国科学技術大学精密機械学科へ編入・卒業後、同大学院に進学。さらに、私費留学生として再来日し、八六年四月東京大学大学院電子工学専攻修士・博士課程に入学、九一年に修了している。プロフィールを一見するだけで、遠回りながらも華々しい経歴に圧倒される。「日本へ派遣されたときは、国のためにという気持ちでした。もち

ろん家族も反対はしなかったですよ。当時の一八歳は今と違って大人とみなされていましたからね。司馬遼太郎の『坂の上の雲』のような発展途上の時代の高揚感に溢れていて、期待に満ちていましたね」と年間一〇〇冊以上を読むという大の読書家、歴史好きの中原さんらしい答えが返ってくる。

東京大学での大学院生時代、中原さんは翻訳や同時通訳の仕事をしていたという。その内容を聞けば、学生アルバイトと言うには失礼なくらい本格的な仕事であることに驚かされる。同じく東大に在籍中の妻と学生結婚をしてすでに所帯持ちだった中原さんは、普通の学生アルバイトに比べて数倍の額を稼いでいた。国際会議や学会出席、妻と二人のプライベート旅行等で、日本国内のみならず米国や欧州、海外のあちこちへ旅行して回ったという。「青春一八切符を買ってあちこち旅して回り

ましたね。一カ月こもって一冊本を訳せば一〇〇万円くらい稼げました。また同時通訳の仕事をしていたので、一カ月一生懸命働いて二～三カ月勉学して旅行等に行くという生活をしていましたね」と当時を振り返る。日本でのお気に入りは北海道で、過去に一〇回以上も訪れたという。「右手に本を一冊、あとはお酒を飲んで、好きな温泉に行くのがいいですね。海外だったらスペイン。仕事とプライベートでサグラダファミリアには五回行きました。歴史があって、文化があって、ロマンがある。ガウディはなぜコンピューターのない時代に、あんな建築を精緻に設計できたか？と考えると本当にロマンを感じますね」と中原さん。一度旅行の話になると、リラックスした表情で饒舌に語り始める。

松下電送へ入社。三週間の視察旅行が起業へのきっかけに

さて、一般的な学生とは一味異なる学生生活を送った中原さん。東大大学院を修了後は松下電送システム株式会社に入社する。一九九一年四月のことである。入社後は有線通信の研究開発に従事した。

ある日、会社での職務に日夜励む中原さんのところに、後の起業へのきっかけとなるチャンスがやって来る。当時中国市場への理解を深めたい考えのあった勤務先から、とある任務を命じられた。それは三週間の特別休暇を与えられ、その期間、中国の都市を旅してレポートを提出するという内容であった。もちろん

故郷の福建省へも里帰りできる。しかも旅行に必要な資金は全て会社から支給されるという好条件。中原さんにとっては願ってもない機会である。快諾し、旅行中は親族を訪ねたり、北京・上海・深圳など中国のあちこちの都市を周って歩いた。しばらくぶりに見る祖国の変貌ぶりには目を見張るばかりで、中国人である中原さん自身も驚かされたという。「僕らは鄧小平の改革開放の時代の申し子。中国の大きなうねりの中に生きてきた。南巡講話の後に再び大きな改革の過程にある中国の空気、混沌の中にある時代のダイナミズムや中国の変化に触れて、自分もそういう中国をもっと感じたい！と思ったのです。それで、帰国してから発起人を募って会社を設立する準備を始めました」。一際熱の込もった言葉で懐かしむように振り返る中原さん。会社へ提出したという当時の視察レポートのコピーを見せてくれた。A四サイズ九枚のレポートには、日本で暮らし技術大国日本を代表する松下

グループ企業で働く中原さんならではの視線で、まさに発展途上にある混沌の中にもエネルギーに満ちた中国の都市と人々の様子がつづられている。

さて、中国での想いを胸に、一九九三年秋、日本での中国投資ブームに乗って中国コンサルタント事業をスタートしようと会社を登記した中原さん。しかし、元の職場から慰留されて、職場のプロジェクトを担当することになる。「登記を済ませオフィスを借りたものの、自分の会社の活動はできず家賃だけが発生してました」と笑う。元来翻訳業や多くの論文執筆をこなした経験のある中原さんだ。松下電送の仕事をこなしながら日刊工業新聞へのコラム執筆連載も担当。社外へ活躍の場を広げながら元職場での責務を十分に果たした後、無事契約を満了。一九九五年一月、現在の会社キャセイ・トライテック株式会社の代表取締役として新しいスタートを

切った。その後は中国コンサル事業以外に加えて移動体通信（主に携帯）関連のソフトウェア開発に特化し、順調に事業を拡大。「しかし、残念ながら時代の波を受けて、日本の携帯産業は衰退してしまった。中国の子会社やＮＥＣとの合弁会社で約二〇〇名の社員を抱えながら、今後生き残る為にはどうすればよいか？と考えました。世界で戦うためには、もう日本の大手電機メーカーに依存しない事業構造に造りなおす必要がある。それで、大リストラを敢行しました。我々の得意分野である移動体通信を生かしたＩｏＴ関連事業に行きつき、この分野の自社商品の開発と販売をするようになりました」。中原さんは近年の会社の事業変遷を振り返る。

日本と中国の狭間で生きる自分の使命を果たしたい！

ここまでの経歴を読むと、中国・日本での華々しい学

歴と社会人になってからの活躍に、順風満帆なエリート人生が思い浮かぶことであろう。ここでは詳細を記すことはできないが、中原さんは二〇代前半の学生時代に経験した大きな挫折について話してくれた。「しかし、自分の苦労など昔の人たちの人生と比べたら苦労とは言えないですよ。人間、苦労は当たり前。自分で選んだ道を苦労だなんて思わないです」と中原さんは穏やかな口調で当時のことを語る。中原さんは上海在住の留学仲間である元クラスメートの父親と、よく一緒に酒を飲みながら語り合ったという。その人は中原さんに戦争時代の経験を語ってくれた。日本軍に追われて二〇〇〇キロもの距離を徒歩で彷徨い逃げた話、文化大革命の政治的混乱の中で危険な目にあった話等、それらは非常に重い体験談として当時の中原さんに響き、多くのことを教わったという。「彼から教わった言葉は、『いつでもいい夢を見て、そして最悪に備える』ということです。例えば、最高

の夢は絶世の美女を抱けるという夢、最悪なのは今夜一人で寝ることだとね（笑）。でも、ベストを尽くせたならば、たとえ最高ではなかったとしても目の前の現実を自分が受け入れられたら、それでいいじゃないかと」。中原さんは言葉を続ける。「中国はこの三〇年間で過去千年分の変化を遂げたと言っていい。もちろん、だからこそ色んな問題を抱えているけれど、ポジティブに考えれば、ダイナミズムを感じられる『いい時空』に僕らは生きていると言える。私の使命は『日本と中国』です。日本と中国の間で自分のできるベストを尽くしたい。一度限りの人生だから、運命に従い、宿命と戯れ、最後は使命に生きたい。そう思います」。朗らかにユーモアを交えながらも、そう毅然とした言葉で話す中原さん。明快でポジティブな生き様は、清々しくどこまでも続く青い空のようだ。

遠く福建から海を越えて日本へやって来た一八歳の中原さんが、ビジネスマンとして今まで経験してきた両国の時代の変遷と経済興亡。中原さんの「時代のダイナミズム」と「ロマン」という言葉に想いを馳せながら帰路につく。その晩、書棚に眠っていた『坂の上の雲』を手に取った。

周りを海に囲まれた厦門《アモイ》は当然ながら新鮮な海の幸の宝庫。

厦門の台所とも言うべき第八市場（通称：八市）には厦門近海で獲れた新鮮な魚介類が所狭しと並んでいる。

その中から好みの魚介を買って市場周辺にある海鮮レストランに持ち込めば好きな調理法で調理してもらうことができる。

ただし加工料が別にかかるので、もし一般的な海鮮料理を食べるだけなら直接海鮮レストランに行って注文した方が安上がりかもしれない。

大抵の海鮮レストランは、大きな生けすや新鮮な魚介を並べたショーケースがあるので自分で魚介を選ぶことが可能だ。もちろん、味付けも指定できる。

厦門の海鮮料理は広東料理ほど豪華ではなく上海料理ほど繊細でもないが、スナック感覚で気軽に食べられバリエーションが実に豊富。

味もフカヒレやアワビといった高級食材に引けを取らないほどの美味しさだ。

厦門を訪れたら、厦門ならではの海鮮料理を存分に堪能したい。

数ある海鮮料理の中でも特に外せないのが、「海蠣煎（ハイリージェン）」と呼ばれる牡蠣料理。大量の牡蠣を、水で溶いたサツマイモ粉や卵でとじたオムレツのようなもの。香菜などの香味野菜がたっぷり入っており、厦門名物のスイートチリソースが添えられている。台湾名物の「蚵仔煎（オアジェン）」は、この「海蠣煎」が台湾に伝わったものだ。

沙茶麵

沙茶《シャーチャー》麵は厦門名物なので、有名な店は数多い。その一方、知る人ぞ知る隠れた名店もある。第八市場内にある一九七九年創業の老舗「友生沙茶麵」もその一つ。「友生」という店名は、二人の経営者の名前、林友忠と李厦生から一字ずつ取って付けられた。この店には、沙茶麵のほかに豚足麵、塩味あっさり麵、あんかけ麵もあるが、一番人気はやはり沙茶麵。この店の沙茶麵のこだわりは、何と言ってもそのスープにある。豚骨スープに三六種類もの原料がブレンドされているのだ。三六種類の原材料について尋ねると、李社長は「それは企業秘密だから教えられないよ」と答え、具体的な原材料名については明かさなかったが、季節に応じて原材料の配分を変えていると教えてくれた。例えば、蒸し暑い夏には、沙茶の辛味成分を減らし、甘みを増やす。そうすることで、夏に沙茶麵を食べても清々しく感じられるという。実際にこの店の特製スープを飲んでみると、非常に濃厚なスープであることが分かる。ピーナッツの香りが強いが、他の調味料の存在を消さない絶妙なバランスで、沙茶醤のニンニクや海鮮、ウコンの風味も感じられる。三〇年以上にわたり沙茶麵を販売してきた李社長によると、このスープの作り方を伝授してほしいという人が東南アジアに大勢いるそうだ。

肉松

肉松《ロウソン》というのは、豚肉のでんぶのこと。第八市場の細い通り、昇平路には、一九〇〇年創業の老舗「陳源香肉松」がある。経営者の陳祥萍氏は、若いころ海を渡り世界各国を回ってきた。結婚後は義父の家の干し肉店を引継ぎ、店を発展させてきた。世界的に有名な作家の林語堂は、自身の作品の中で厦門ならではの朝食として、肉松入りのサツマイモ粥について言及している。「陳源香肉松」店の創業者は、一九〇〇年から同安地区で肉松の小吃店（軽食堂）を営んでいた。その店では、伝統的な製法で作った肉松入りのサツマイモ粥を出していた。この店の創業者こそ、林語堂が食べたサツマイモ粥の店の主人である。この店では、新鮮な豚肉を五時間かけて煮込んだ後、漢方薬に使われる草や香辛料、代々受け継がれてきた製法で醸造された醤油や酒をブレンドした特製のタレに浸し、さらに二時間ほど煮る。肉にタレがよく浸み込んだら、オーブンに入れて四時間あぶった後、かたまり肉を細かくほぐしてでんぶにし、さらに四時間あぶり水分を飛ばす。最後にバターを加えて香りづけをして出来上がり。この店では、出来立てのものだけを店に並べている。手間暇かけて作ったこだわりの逸品はお土産に最適だ。

Interview

高い山に登れ！　農業はビジネスになる

降っても照っても、実業人生

在日新華僑実業家

源清田商事株式会社社長　王秀徳氏

1996年に日本に留学し、後に貿易会社に就職。2004年に源清田商事株式会社を設立。世界泉州青年連誼会日本分会会長。日本泉州商会会長。日本中華総商会常務理事。日本福建経済文化促進会常務副会長。日本源清田グループ理事長。

王秀德

高い山に登れ！　農業で日本市場のトップに

民は食を以て天と為す。ＩＴ産業がかまびすしく、金融業界は「ジェットコースター」並み、不動産業が「どきどき感をあおる」時代、多くの人は根本を忘れてしまった。誰もが一攫千金を夢見て右往左往する中で、生きる根本である農業は一人寂しく隅に追いやられている。「稼げない」「天候に左右される」「地位が低い」……このような偏見が農業にこびりつき、長年続いたこの伝統的産業に対する人々の印象はかんばしくない。いまどき時間と労力を費やして農業なんかして儲かるのか？　やってどうなるのか？

日本のショウガ・ニンニク市場で二〇％以上のシェアを持ち、剥きニンニク生産で日本市場第一位となり、子会社の製品「有機天津甘栗」は二〇一四年と二〇一五年、連続して世界食品品質評大会で金賞を受賞。在日新華僑実業家の王秀徳さんは十数年黙々と努力して世間に次のことを証明した。「農業はビジネスになるし、中国人でも日本市場のトップになれる！」。王さんは日本の三つの会社と工場、中国の二つの会社と国家水準検測センターにあって、企業を日中農業の模範的な地位にまで引き上げた。

一九九六年に日本に留学してきた王さんは、後に貿易会社に就職した。まじめで勤勉、よく学び、業績は毎年トップ。数年の間に子会社の社長に昇格し、年収は一〇〇〇万円を超えた。多くの在日華僑がうらやむ経歴だ。しかし王さんはそれに満足せず、胸にはある抱負を抱いていたという。

「一つ山に登ると、より高い山が見えてきます。その山に登りたければふもとまで行って、またゼロから始めるのです」と王さんは言う。三〇歳のときに台湾の作家劉墉に啓発を受け、きっぱりと仕事を辞めた王さんは、その夢のために高い山に登り始めた。

二〇〇四年、王さんは長年の貯蓄を元手に野菜を主力とする貿易会社、源清田商事株式会社を立ち上げた。しかし、王さんの行動は周囲には理解されなかった。業界の見方では、誰もが儲けることができた野菜取引の黄金期は一九九〇年から二〇〇〇年までで、それ以降は競争が激化した。しかも創業当初は中国経済の転換期に当たり、多くの人は不動産投資に走り、農業に投資する人はいなかったという。しかし王さんは、今この事業を軌道

に乗せれば、将来必ずや発展するだろうと考えていた。

「現代は地に足がついていない時代。インターネットは資源の流動や人的交流を活発にし、富を築く速度も上げました。特に若者はネットで手っ取り早く稼いで一夜にして富を築こうとし、コツコツまじめにという努力をしたがりません。清水の拠って来たる所、必ず源泉あるべし(南宋の詩人、朱熹の詩の引用)。『インターネット＋』は『＋インターネット』でもあります。源泉があって初めて、インターネットというツールはより広く円滑に使えるのです。いかにインターネットが発展しようと、優れた製造業こそ基盤です。まじめに経営し、まじめに生産することこそ王道なのです」と王さんは語る。

「安心安全は澄んだ田から」はただのスローガンではない

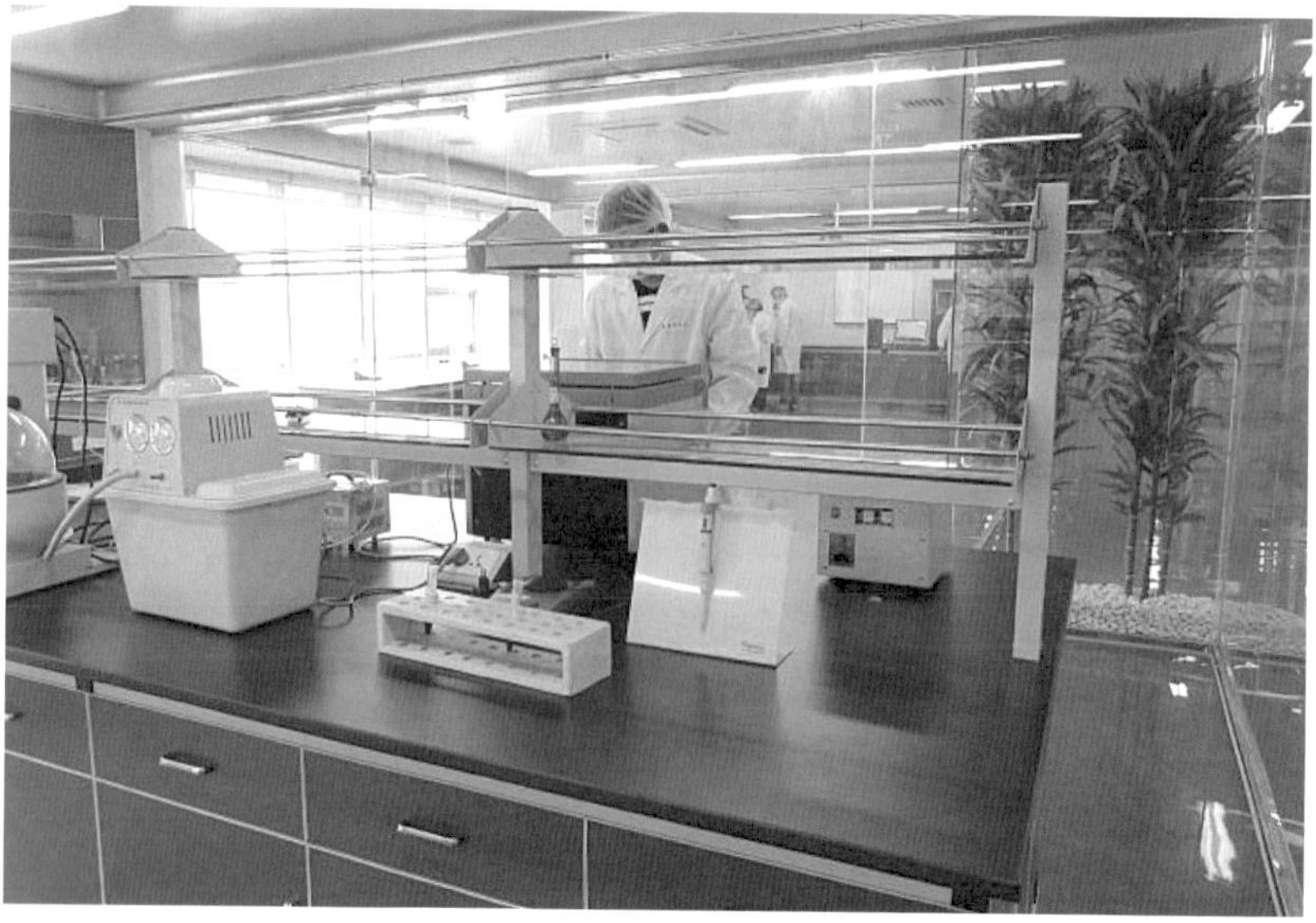

王さんは「安全な健康食品こそがこの業界の進むべき道であり、田や畑から穫れる新鮮な農産物が競争の優勢を決める」と考えている。「消費者が企業と企業ブランドをよしとすることで初めて、生産物は継続して購入されるようになります。会社名を『源清田』とし、『安心安全は澄んだ田から』と掲げましたが、これはただのスローガンではありません。『源清田』という企業の文化を貫く理念であり、その趣旨は『畑を造る、物を造る、人を造る』なのです」。

畑を造る

王さんは農家から多数の田畑を借りて、あるいは直接契約を交わして、人を雇い、それらの田を耕してもらっている。収穫の出来不出来に関わらず、契約通りの金額で購入するが、農家側も契約通りに仕事をしなけ

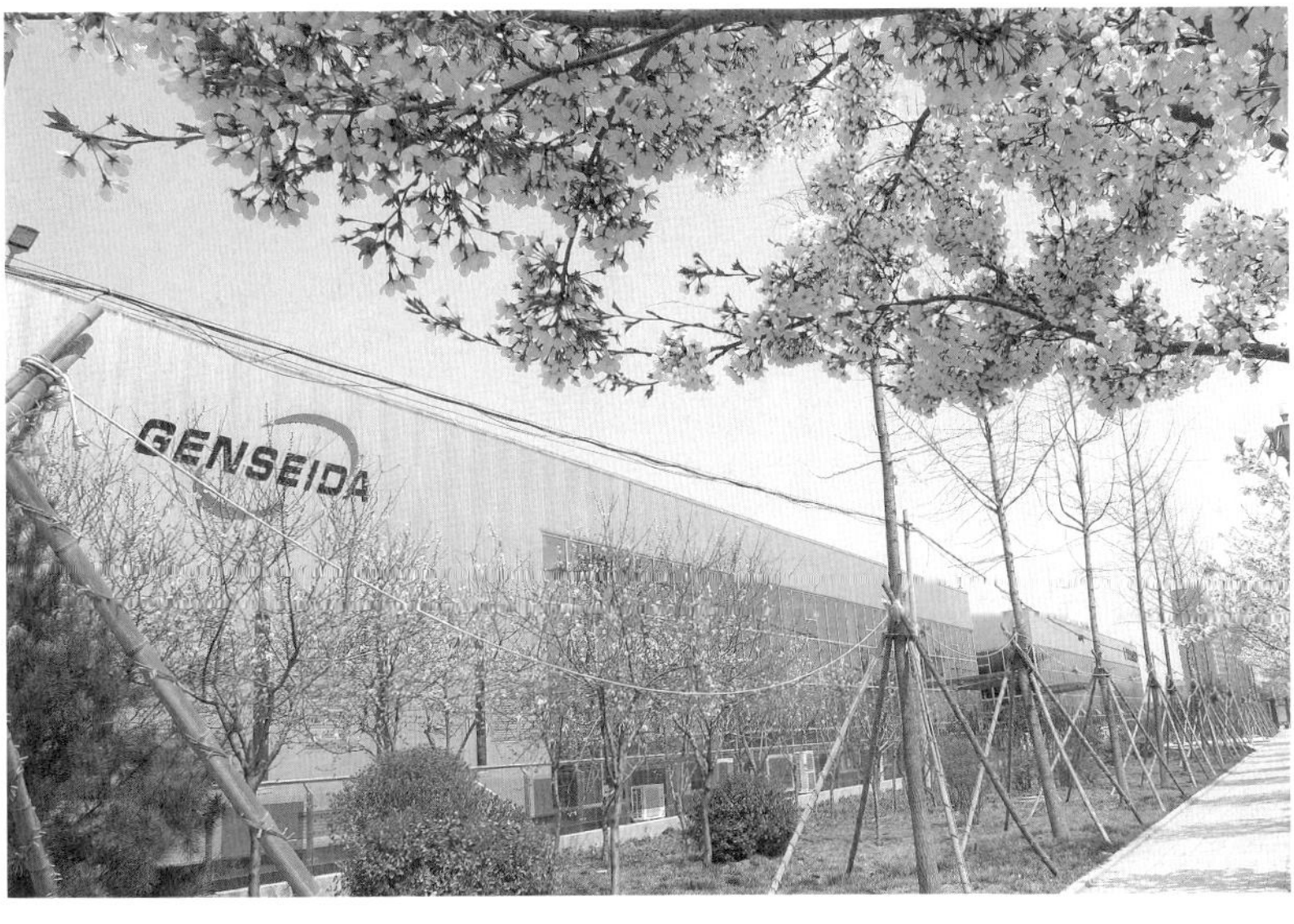

ればならない。標準化と集約化により、天候に左右される農民は固定収入を得る「農業社員」となる。資料、技術指導、組織的栽培、品質保証と検査、収穫、加工管理をすべて統一して厳格に管理し、ＪＡＳの求めるGLOBAL G.A.P（農業生産工程管理）に則って栽培管理を行う。このモデルに引き付けられ、加入する農家は徐々に増えたという。

また「食は安全が第一」と考える王さんが取り組んだことが二つある。一つ目は土壌にも人体にもよくない化学肥料を減らし、有機肥料を多く使用すること。二つ目は農薬を減らすことだ。二〇〇六年には巨額を投じて国家級標準検測センターも設立した。

物を造る

「よい原料だけでなく加工工程も非常に重要です」と王さんは語る。「農産物業界では多くの企業が自社の工場を持たず、一般的に委託加工しているため、品質の管理も保証もできない。しかし我が社の子会社は日本と中国に自社の加工工場を持っており、それぞれが成田空港と山東省青島港付近に位置しているため物流も非常にスピーディーです」

王さんの会社では日本のポジティブリスト制度（基準が設定されていない農薬等が一定量以上含まれる食品の流通を原則禁止する制度）の化学薬品残留値を基準にして、「安心、安全」の生産ラインを作り上げている。生産事業は黒ニンニク、生鮮食品、水煮、栗有機食品、日本生鮮食品、日本無添加加工水煮の六系列にわたっており、七〇品目に及ぶ。「チョコレートのようにおいしい」と言われる発酵黒ニンニクも主力商品の一つだ。

人を造る

「物がほしければ先に人を造るべきだ」。これは松下幸之助氏の名言である。王さんは「企業の行動は全て人の行動であり、企業が拠って立つ根本は人だ」と考えている。

「もし労働者が力を貸してくれて一緒に同じ目標を達成できれば、管理の成功と言えるでしょう。私たちが職員を雇用するときには専門性がどれだけあるか、業界の経験がどれだけあるかといったことは見ません。やる気に溢れ、向上心があり、前向きで変化をいとわず、挑戦する勇気がある。これが私たちの評価基準です」。企業内に好ましい雰囲気を作り出して労働者の能力を引き出すこと、これこそ管理者のすべきことだと王さんは言う。

学ぶのが得意な王さんは、稲森和夫氏のアメーバ経営方式をうまく「源清田」の経営に取り入れた。会社の販売部門をいくつかのグループに分け、市場と直接繋げて独立採算制にすることで社員に管理意識を持たせたのである。「人を造るとは、だれもが経営者になるということなのです」

危機のときこそ実業家の本質が問われる

二〇〇八年の金融危機、二〇〇九年の中国の「毒入り餃子」輸入事件によって日中の農産物貿易関連企業は半分以上が撤退した。しかし「形成が不利と見たら撤退する、これでは事業とは言えない」と王さんは逆に投資を拡大。さらに優良工場を建設した。「毒入り餃子事件」の後、日本の視察団が中国に来て王さんの山東省の安丘源清田食品有限公司を見学し、「中国にこんなよい工場

があったのか！」と驚いたという。そしてたちまち日本からの注文書が山のように舞い込み、「源清田」ブランドは日本市場に知れ渡ることとなった。

その後ニンニクの価格が高騰し、干魃や厳冬の影響で農産物の収穫が減少したときも、王さんは市場の論理を捨て、新旧の顧客に元々の値段で販売を続けた。人には理解されにくい方式ではあったが、こうして「固定ファン」を着実につけることで年々販売量は増え、市場シェアも大きくなっていったのである。

日中を結び付け、現代的農業の発展を目指す

新たな生産物が市場に一定の地位を確立すると、王さんはすぐに次の開拓を考える。

「企業が発展するには三本の柱が必要です。第一の柱は日本での中国食品の販売。第二の柱は日本での日本食品の販売。第三の柱は中国市場の開拓。現在、最初の二つはすでに確固たる基礎を築きました。第三の開拓は源清田が誕生して一〇年目に正式に始まりました」と王さんは話す。

日本では、子会社の東洋食品産業株式会社が正式に成立し、千葉県の第三工場はすでに操業を始めている。将来は新工場の現代化生産のプラットホームにしてコスト競争力を強めたいと考えている。日本や中

国市場に高品質で高付加価値の製品を提供するためだ。

中国では、山東省の高水準健康食品黒ニンニク加工工場が全面的に生産販売を始めた。山東省の副書記王軍民も自ら視察に訪れている。王さんは今後さらに大きく中国市場を開拓し、産業ルートを広げようと考えている。

王さんの次なる目標は、現代農業モデルを中国に導入することだ。「現代農業」という抽象的な概念を前に、王さんがまず行ったのは具体化である。まず製品の「トレースシステム」。輸出品は栽培から加工、販売までの全てがたどれるよう番号を振ってある。この番号を通して商品がどの段階で、どの場所のどの生産地にあったたか、どのような肥料、農薬を使ったかなどの細かい情報を知ることができる。「現代農業は生産物だけでなく管理も現代化しています」。王さんは社員を多くのグループに分け、独立採算で競わせているという。運営に成功したグループは収入もより高くなる。企業内での競争に懸念を示す人も多かったが、「各グループは業績を上げるために最大限節約をして効果を高めようとします。そのグループの活力が絶えず企業を旺盛な生命力で満たし、会社の利益も大幅にアップするのです」と王さんは説明する。

十数年を経て王さんの会社「源清田」はすでに日中両国の農業領域において模範となる企業に発展した。

王さんの先進的な管理モデルは日中のメディアから注目されている。「海外に身を置いていても、私は一人の中国人です。自らの一言一言が中国を代表することになります。中国人は外国から見下されないように、一致団結してそれぞれが自らを律していけば中国の夢をかなえるエネルギーになるでしょう」。王さんは自身の想いをそう語った。

中国文化と西洋文化が融合する島

東南アジアと福建の文化が出会い、融合して生まれた沙茶醬。沙茶醬が厦門《アモイ》を象徴する味だとすれば、コロンス島は厦門の精神を象徴する場所だと言えるだろう。

数百年以上にわたり、コロンス島の建築様式、食文化・芸術・生活習慣などが厦門人にもたらした影響は計り知れない。

古いものだけではない。ここ数年、コロンス島には創意工夫を凝らしたセレクトショップやバー、古い洋館を改造したプチホテルなどが増えており、こうした新しい文化も厦門の流行をリードし続けている。

沙茶式建築とは？

コロンス島は「世界各国の建築博物館」のようだと、大勢の人が言う。確かにコロンス島を散策していると、ゴシック式・ローマ式・バロック式・ロココ式など、様々な建築様式の建物が目につく。しかし、それらをよく観察してみると、古代ギリシア式の建物の柱がローマ式だったり、イギリス式邸宅の一部が中国式だったりすることに気づく。

コロンス島のこうした建物は、専門的には折衷式建築とでも言うのだろうが、少し世俗的かつ非専門的な言い方をすれば、沙茶醤のように様々な材料がうまくブレンドされており、沙茶麺のように何でも好きな具をトッピングできるという意味で、「沙茶」式建築と表現できるだろう。

これらは、一九〇〇年代初頭から一九二〇〜三〇年代にかけて建てられたもの。折しも、海を渡り他国で成功を収めた華僑が続々と故郷に帰国し、帰国ラッシュがピークを迎えたころだ。事業で財を成した彼らは、一族の栄誉となるためにコロンス島にこぞって建物を建てた。

華僑の人々は、伝統的な中国文化や福建省独自の文化の薫陶を受けて育っているが、出国した後は外国の文化の魅力を見聞きし、その一方で財力も身に着けてきた。そうした影響が、洋風かつ中国風の建築様式となって表れ、一見外国の建物のようだが随所に福建文化も感じられる建物となっているのだ。

建築材料には、地元で産出される花崗岩や地元でよく使われている赤レンガなどを利用したが、木材はチークやマホガニーなど東南アジアで産出される建築用木材を現地から輸入した。その他、セメント、ガラス窓などヨーロッパから輸入した材料も一部ある。

建築様式についても、彼らはコロンス島にすでに建てられている建築物を参考にして、ゴシック式だろうがロココ式だろうが関係なく、気に入ったものがあれば職人に真似て造らせた。そのため、北欧式の屋根が気に入れば屋根は北欧式にし、イギリス式のアーチ状の回廊が素敵だと思えば、それを採り入れ、繊細な彫刻が施されたローマ式の太い円柱がかっこいいと思えば、それを加える……といった具合だった。

こうして、西洋のものとも中国のものとも言えない建物が誕生していった。流派に捉われず、心のおもむくままに建築するスタイルは、トッピングする具材をあれこれ選びながら自分好みの沙茶麺を注文するのに、どこか似ている。違うのはただ、建築の方がより慎重だということだけだ。

Interview

日本のものづくり＋中国の経営戦略＝無敵

日本の製造業を元気にしたい！

在日新華僑実業家

株式会社 RS Technologies 代表取締役社長　方永義氏

1970年、福建省福清市生まれ。高校卒業後に来日、留学。城西国際大学大学院卒業。日本国内外において20件以上の起業・経営を手掛け、半導体の他、製造・投資・貿易・ホテル業など様々な業界を経験。現在ではRSテクノロジーズ（2016年9月東証一部上場）の代表取締役社長として世界中を飛び回っている。また2016年から3年間連続日本テクノロジーFast50（有限責任監査法人トーマツ発表）を受賞し続けている。

方永義

日本のものづくりを中国に伝え、日中企業間の橋渡しをする若き福建省出身のビジネスマンがいる。来日後大学院に入学し、卒業してすぐに会社を立ち上げた。最初は一人でなんでもやった。時は流れ、現在ホテルやレストラン、ＩＴ企業、運送会社など十数社の企業を率いる方永義社長が二〇一五年に新たに始めたのは、ものづくり企業に特化した、「Ｍ＆Ａ再生ビジネス」だった。

幼なじみとの夢を実現

福建省福清市に生まれた方永義さんは経営者である父の背中を見て育ち、幼いころは福建省ナンバーワンの会社を作ることを夢見ていたという。その夢はやがて日本のナンバーワンに変わった。仲間たちに福建省でのナンバーワンでは足りない、と言われたからだ。日本人の祖母を持ち、幼いころから家でよく日本の話を聞き、日本のドラマや映画を見て育った方さんは、自然な流れで高校卒業と同時に来日。中学二年のときに、一緒に会社を作ると約束をした幼なじみと一緒だった。方永義さんと幼なじみは、それぞれの名前を一字ずつとって会社を作ること、お金を儲けたら世界一周をすることを約束した。経営を学ぶため大学院に入学し、卒業後はすぐに会社を立ち上げた。ビザの都合で方さんが社長に就任したのは二〇〇六年だが、実質的にはすでに経営を始めていたのだった。

卒業後すぐに中古タイヤの海外輸出業務に携わった方さんは、まもなく自ら「永輝商事」を立ち上げる。

この会社こそ、幼なじみと名前を一字ずつとった会社である。現在ではこの永輝商事は「太陽光発電導入事業、半導体・シリコン再生事業」と「パソコン関連商材でのリユース・リサイクル事業」、そして「資源循環事業を通じた革新的なリサイクル素材開発事業」を三本柱とする企業であり、半導体や電子基板、特殊バルブに太陽電池などを扱っている。現会長はくだんの幼なじみの友人である。

日本に初めて来たばかりのころは何から何まで珍しいことだらけだったという方さん。初めて日本に着いた日、成田空港では自動ドアを手で開けようとし、エスカレーターは怖くて乗れないほどだった。アルバイト面接に行った五反田のビルで、中が絨毯なのを見て靴を脱いで入ろうとしたり、東京の複雑な鉄道路線に慣れず、昼のアルバイト先の工事現場から夜のアルバイト先の工場へ向かう電車をいつも乗り間違えて遅刻してしまい、泣きながら通ったこともあるという。プラスチック工場での夜勤アルバイトでは、班長のおじさんにとても可愛がってもらい、毎晩桃ジュースを買ってもらった。当時一〇〇円程度の桃ジュースは、人民元に換算すれば一本で両親の四日分の給料。「普段とても買えなかったジュースをもらえるのがこの上なく嬉しかった」。今や年商三〇〇億円の方社長が成功してからのとある日、友人に何がほしいかを聞かれ、答えたのは「桃ジュース！」だったという。友人は「なぜそんなものを」と笑いながらも一〇本入りの箱を一〇箱、一〇〇本を方社長に贈ってくれた。

「再生」をキーワードに次々と事業展開

二〇一〇年秋頃、方さんは取引先の一部上場企業、ラサ工業から相談を持ちかけられる。事業撤退予定の部署があり、それを事業ごと引き取ってもらえないかというものだった。短い期間に調査を入念に行い、二〇一〇年一二月には「ＲＳテクノロジーズ」を設立した。事業承継として部署の人間も引き継ぎ、五三人でスタートした。翌年三月一一日東日本大震災では宮城にある工場も被災した。地盤沈下し、さらに水も電気もインフラも失い、本当に大変な思いをした。しかし未曾有の天災という大苦難を乗り越え、社員と一心同体となり業績を回復。二〇一五年三月二四日には東証マザーズ、二〇一六年九月九日には一部上場を果たした。

ＲＳテクノロジーズのメイン事業はシリコンウェーハ再生事業である。携帯やパソコンに使われるＩＣチップは細かい回路が集積している。その基本素材がシリコンウェーハである。半導体を作る何百もの作業工程では要所要所で品質管理のチェックをしなければならない。そのチェック時に使うのはモニタウェーハというウェーハであるが、使用済みのものは従来全て処分されてきた。ＲＳテクノロジーズはその膨大な量のモニタウェーハを再生加工し、新品同様の品質まで戻す高い技術を持っている。「我々の会社はニッチトップです」という言葉通り、世界のシェア三割以上を占める業界トップ企業なのである。

「自身の目標は、必ず周囲に口に出して言うべき」という方さんは、次なる目標である二〇二五年度売上高一兆二〇〇〇億円に向けて、製造業を中心にＭ＆Ａを推し進めている。しかしなぜ製造業に着目したのだろうか。

その答えは「再生」というキーワードで続けてきた事業展開の延長線上に道はあったということだ。「日本に四〇〇万ある

会社のうち、九九％は中小企業。そのうちの半分は製造業。これらの会社が日本経済の基盤となっているという事実がある一方で、近年それらの中小企業は厳しい状況に置かれています。作れば売れる時代は去り、大企業がコスト戦略で負けないために海外展開を進める中、中小企業はノウハウもなく取り残されてきました。さらに高齢化、資金繰りの課題もあります。日本の技術の良さをよく理解し、海外に発信できる会社はほとんどありません。そんな中、我々が過去五年間で多数の会社を再生した実績に注目してくれた金融機関や投資会社、各経営者仲間の提案等を受け、M＆A再生ビジネスを立ち上げました。小さいころから憧れのあった日本のものづくりに貢献したい、という気持ちがずっとありました。様々な企業や金融機関等とも連携し、今の日本の製造業を元気にしたいと思っています」

とある会社は負債を抱え、民事再生を受けようというまさにその直前で方さんと出会い、このプロジェクトに参加するや否や黒字になり、上場をするまでになった。まさに会社の「再生」を手掛けているのだ。

この「M＆A再生ビジネスの仕組み」とは、企業価値があり、成長の可能性もあるにも関わらず課題を抱える国内のメーカー企業に対し、マーケティング調査と審査を経て、出資と運営コンサルを行うというものだ。投資機関が管理を行い、中小企業を発掘・投資する。日本に進出をしたいという中国や台湾等の会社から、要望を聞いた上でマッチングを行い、最終的に一年ほどで買ってもらう。妥協しないものづくりは確かにすばらしいが、現代は黙っていてモノが売れる時代ではない。特に日本企業文化の良い部分をダイレクトに素早くアジアに発信するという部分において、方社長の会社は他に類を見ない。方さんは、日本のものづくり＋中国の経営戦略＝無敵だと考えている。このM＆A再生ビジネスは日本の中小企業を救うと同時に日本とアジアを繋ぐ橋渡しの役割を果たしているのである。

幼なじみとの約束の世界一周は忙しくてまだ果たせていないが、すでに方さんは日々海外を飛び回り、常に世界を股にかけて仕事をしている。そんな方さんの座右の銘は、「夢は大きく持つこと。夢を持ったら実現するために周囲に言うこと」だ。方さんは言葉を続ける。「もし夢の六割が実現するものだと考えれば、最初から夢を大きく持つ方がよい。そして成功への近道を聞かれたら、必ず三つ答えます。①努力すること。②さらに努力すること。③1と2以上に努力すること。それ以外に近道はありません」。そう言って後輩へ激励を送るとともに、新たな夢に向かって目を輝かせた。

福建の風景——中徳記ヴィラ

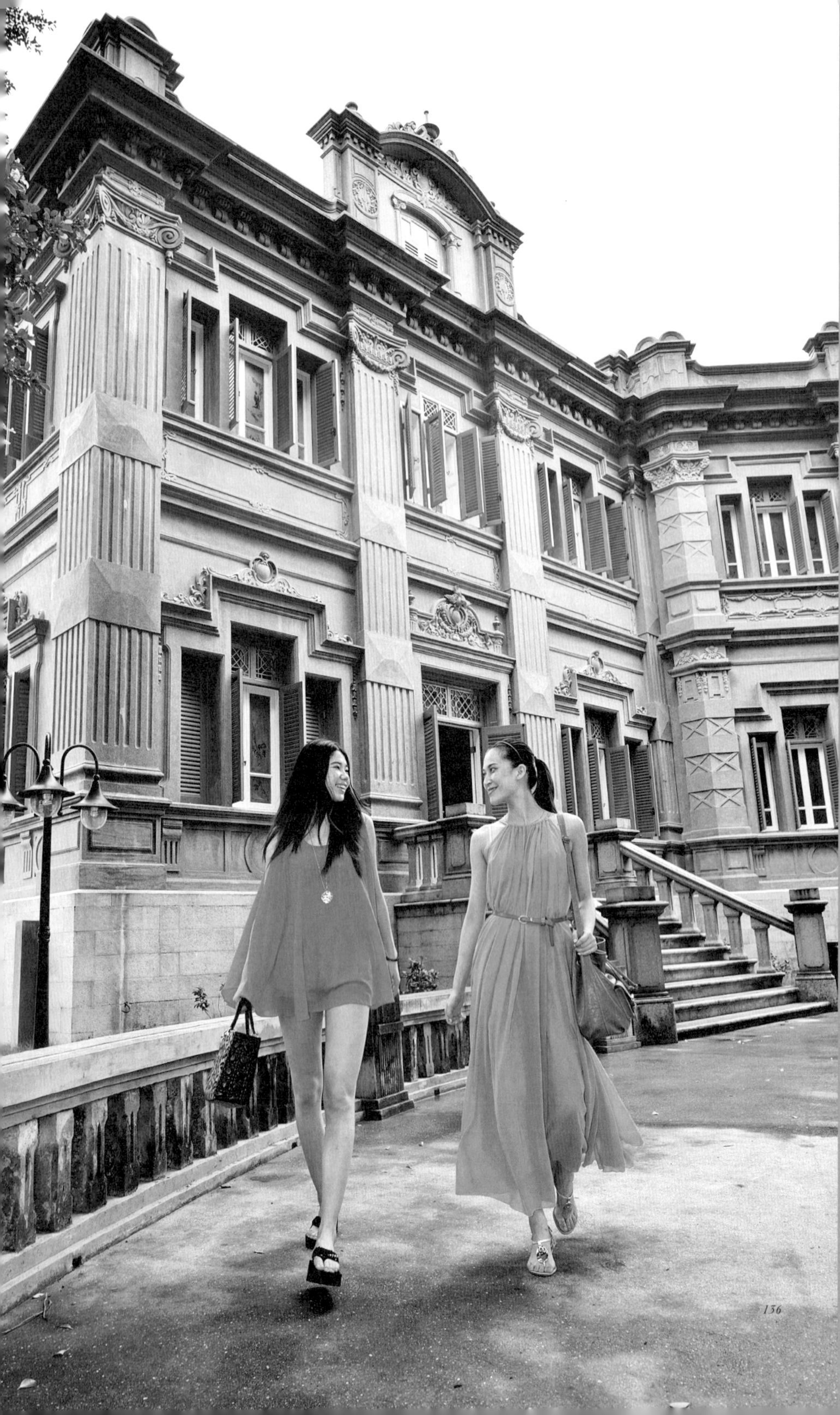

中国一の別荘　中徳記ヴィラ

「中国一の別荘」と誉れ高い中徳記ヴィラは、コロンス島のちょうど真ん中あたりに位置する。ヨーロッパの建築様式によって建てられたこの洋館は、「中国一」と呼ばれるにふさわしい風格を備えた素晴らしい建物だと言える。建築物としての鑑賞価値があるのはもちろんのこと、歴史的価値も非常に大きい。というのも、蒋介石、鄧小平、アメリカのニクソン大統領を始めとする数々の著名人が、この洋館に宿泊したことがあるからだ。

中徳記のこだわりと趣き

中徳記ヴィラは、「インドネシアの砂糖王」と称されていた黄奕住氏によって建てられた。この地には、もともとイギリス商社「徳記洋行」の庭園があった。一九一九年に帰国後、コロンス島に定住していた黄奕住は、この場所を気に入り、洋館を建設することに決めた。設計・環境・内装・建材、さらには景観に至るまで、すべて当時の最高レベルにこだわって建設されたため、コロンス島にある各国の領事館の建物より優れたものとなり、「中国一の別荘」という名声を得た。

中徳記ヴィラは中楼・南楼・北楼の三つの建物で構成されている。北楼は日光岩と福音堂に隣接しており、部屋の窓を開ければ日光岩が一望できる。北楼には黄奕住の中国の家族が住んでいた。歴史の重みが感じられる中国式の内装で、建物の外観には精緻なレリーフが数多く施されている。南楼は、ほとんどの部屋が海に面しており、明るく広々とした、東南アジア風の内装となっている。こちらの建物には、黄奕住の東南アジアの家族が住んでいた。

現在、中徳記ヴィラは誰もが宿泊できるホテルとなっている。宿泊費は一般的なホテルに比べ高いことは確かだが、これほどこだわりがあり、歴史的価値のある洋館の広々とした部屋に宿泊できると思えば、宿泊費を支払う価値は十分にあると言えそうだ。

ホテルとして新しいスタートを切るにあたり修復工事が行われた。細部にこだわって行われた修復工事は、二〇一一年にようやく完了。これにより、当時の姿が忠実に再現された。クリーム色の壁、天蓋付きベッド、チーク材のフローリングや階段、繊細な作りのシャンデリア、ゴブラン織りのソファ等々。建物に足を踏み入れた途端、時計の針が過去の時代まで逆戻りしたかのような気分になる。日頃の喧騒から離れ、リラックスするには最適の環境だ。

大富豪の生活を追体験

現実の世界では、誰もが大富豪になれるわけではない。むしろ私たちの多くは、別荘での優雅な生活とは縁遠い生活を送っている。しかし、コロンス島のこの中徳記ヴィラなら、限られた時間とはいえ大富豪の生活を追体験できる。どの部屋も明るく天井が高く広々としており、窓の外に広がる庭園には、この邸宅の主を知っている樹齢百年以上の古い木が数多くある。テラスや廊下に出れば、それらの木々が織りなす音・色・影に癒されるだろう。こうした静かで安らかな時間というのは、実際にこの場所を訪れてみて初めて体感できるものかもしれない。

Interview

目の前の人と事が繋いだご縁

愛され、広がる！
幸せと事業の輪

在日新華僑実業家

有限会社 アールコーポレーション代表取締役社長　舘 正子氏

1988年高校卒業後、福清市より17歳で来日。日本語学校で日本語を学んだ後、専門学校で情報処理を学ぶ。1991年独協大学経済学部に奨学生として入学。英国Anglia University EFLコースへの留学を経て帰国、大学卒業後は建設会社の海外事業部に入社。結婚出産を経て同社を退職後、有限会社アールコーポレーションを設立した。自社直営工場を強みに事業を成長させ、2015年より温泉事業も手がける。夫、息子2人の4人家族、家庭を切り盛りする主婦と女性経営者として多忙な日々を送る。

舘 正子

日本と中国を股にかけた幅広い事業で年商四億円を稼ぎ出す中国人女性起業家――。どんな女性なのだろう？　この女性社長のプロフィールをおさらいしながら、通勤ラッシュの東京駅構内の待ち合わせ場所へと急ぐ。雑踏の中、現れたのは思いのほか柔らかい雰囲気を醸したスーツ姿の女性。筆者に気づくと人懐こい笑顔を向けてこちらへ駆け寄る。お互いに簡単な自己紹介を済ませた後は同世代の働く母同士、自然に話に花が咲いた。

山口百恵、海外に憧れた少女時代

舘正子さんは福建省福清市出身。一九八八年九月、大きな布団と荷物を背負い、三万円の小遣いを握りしめて一七歳で就学生として来日した。両親は舘さんの日本行きに反対したが、最終的には大金を工面して送り出してくれたという。「当時は山口百恵の『赤いシリーズ』が人気で、私も大好きでした。日本はトイレットペーパーがどこのトイレでもついているでしょ？　使い放題でびっくり(笑)。そのころの中国はまだ『原始社会』と言っていい状態で、田舎のほうでは電気も水道もなく、夜暗くなったら家に入って寝る生活。ジュースというものも日本に来て初めて飲んだくらい。想像できないでしょ？」と舘さんは目を見開きくるくるさせながら話す。「福清市は華僑の街なので東南アジアや香港の出身の人も多くて、彼らは皆、すごくリッチに見えました。だから、可愛い女の子は大抵香港の人と結婚するんです。あのころ、本やドラマを通じて見る香港や日本は、中国とは別世界で輝いていた。だから、私も海外へ行きたい！と強く憧れていましたね」。語り始めた舘さんに耳を傾けながら、同じ時期に異なる社会を生きた舘さんの少女時代を想像する。筆者自身の八〇年代を振り返ると、三〇年後にもたらされたこの日の出会いの不思議を思わずにはいられなかった。

アルバイトと学生生活。お寿司屋さんご夫婦との出会い

舘さんはアルバイトで生活費を稼ぎながら高田馬場の日本語学校に一年半通った後、専門学校でコンピュータープログラムを学んだ。その後、「学費が安かったから」と獨協大学を受験し、見事合格。学年で首席を取ったため、奨学生として学費免除で大学に通うことができたという。

日本での生活は高田馬場の家賃三万円、六畳一間の寮の相部屋から始まった。まだ一七歳と幼かった舘さんは周囲の皆から可愛がられた。学校と並行して居酒屋のアルバイトを開始。しばらくすると、同居人から鶯谷の小さな寿司店の仕事を紹介された。寮の家賃は五〇〇〇円。一人部屋で月一八万円の月給と好条件。「このお寿司屋さんとの出会いで人生が変わりました」と舘さんは話す。地元の名士であった店のご主人夫婦は、舘さんを中国名で「栄ちゃん」と呼び、家族のように接してくれたという。若く食べ盛りの舘さんには賄いの食事も魅力的だった。マグロのカマや新鮮な魚の塩焼きなどの豪華な賄い飯にも驚い

た。おかみさんは年頃の舘さんを仕事帰りに銭湯へ連れていってくれた。自分の娘にするように「女性には大事なことだから」と下着店へ一緒に行き、計測や選び方を教えてくれたこともあったという。さらに、ご夫婦が保証人をしてくれたおかげで姉が来日し、一緒に暮らすことができるようになった。「まだ何も分からない子供だったので、本当に可愛がってもらいました。幸せだなあ、ありがたいなあと思いましたね」そう話しながら舘さんは、ふいに言葉に詰まり目頭を押さえた。

英国留学を経て建設会社入社、起業へのきっかけ

さて、元々海外への憧れが強かった舘さんは大学三年生のとき、イギリスのケンブリッジへ一年間の留学を決意する。たくさんの友人と知り合い、フランスやイタリア

などの周辺国へも旅行をして回り「人生で一番楽しい時期」を過ごした後に日本へ帰国。大学四年生として再び学生生活に戻り、専攻のコンピューターグラフィックの勉強を再開する。ほどなくして英語・中国語・日本語の三カ国語が話せることが評価されて建設会社でアルバイトを始めた舘さん。卒業後は同社へ入社し、正社員として働き始めた。建設会社では接待や出張も多く、大企業社員の中国出張アテンドなどの経験を積んだ。某大手建設会社の所長に中国語を教える機会なども得て人脈も広がったという。「小さな会社だったので何でもやりました。出産後もすぐに復帰して子連れで出社しましたよ。ああ、陣痛中に電話がかかってきて指示したこともありましたね」と朗らかに話す。「あるとき、社長の友人が植物を輸入したいので手伝ってくれないかと頼まれました。植物は輸入の際の手続きが煩雑です。無事輸入が完了したら、今度は中国で製作部隊を作ってもら

えないかと言う。この社長さんは印刷会社もやっていたのです。それがきっかけで会社を作ることになりました」

思いがけない形で起業に至ったという舘さん。「でも、自分がやってきたこと、強みを活かすことができると思いました。家族のためにという気持ちもありました。色々なご縁と経験が起業に繋がったけれど、どんな経験も無駄にはならないんだと思いましたね」と振り返る。

温泉事業を中国へ。日本の良い物を紹介したい！

会社を設立して以来、自社の印刷工場を強みに広告事業を順調に拡大してきた舘さんは、さらにご縁に導かれる形で温泉事業を手掛けることになる。建設会社時代の上司の友人から熊本のホテルを中国にＰＲしたいと相談されたのがきっかけだったという。「そのときは中国のメディアを一〇社呼んで、ＮＨＫでも紹介されました。それから、イギリス留学時代の友人が中国でホテルチェーンを経営していて、彼の会社の社員への研修で熊本の温泉施設を案内しました」と説明する。また、現在、マスク製造技術で特許を取得した友人の事業に出資していて、中国やインドへ展開したいという。「これまでは安く早く作ることが中心でした。今後は日本のいいもの、日本のノウハウを中国へ紹介したいですね」と新規事業にも意欲的な社長の顔をのぞかせる。

ところで、趣味を問うと「家庭、家族！　料理も好き」と即座に笑顔で答えた舘さん。「私は主婦だから、身の丈に合ったことと、半径五メートル以内の身近な人が幸せになることが、まずは一番大切なの」とまじめな面持ちで話す。しかし、社長業と育児・家事の両立は大変なことだ。男三人、女一人の家庭では家事の手伝いもさほど見込めず、夫は舘さんの会社経営には関与していない。「それは、もう気持ちの持ちようかな。『一念地獄、一念天堂』です」とあっけらかんと話す。「私、友人に言われたことがあるんです。あなたはお金に欲がないけれど、仕事に対しては貪欲だから、きっと成功するでしょうって。今は、過去の経験は一つも無駄にはならないんだなと思います。人との繋がり、ご縁のおかげで今の私がある。目の前の人と事を一つ一つ大事にしていけば、やがて大きな輪になって、幸せが広がっていくから」

そう言うと、舘さんはおもむろに携帯電話を取り出し、家族の写真を「ほら」と筆者に差し出す。そして一緒に画面をのぞいてから、少女のような無垢な笑顔で笑った。

中国で最も美しい大学

厦門大学は、一九二一年に華僑の陳嘉庚氏によって創設された名門大学。背後には山が控え、目の前には海が広がる景色の美しい大学だ。インターネット上の調査で、中国で最も美しい大学一〇校が選出された際、その一つに選ばれた。キャンパス内には陳嘉庚氏の娘婿によって建てられた特色ある古い建物が点在している。漆喰を塗っていないレンガの壁に瑠璃瓦の屋根を合わせた独自の建築様式に、華僑らしさが感じられる。

キャンパスは非常に広く、まるで大きな庭園のように美しい。四月には木綿花の赤い花が満開になり、春の訪れを告げる。六月になると、厦門市の樹である鳳凰木の鮮やかな赤い花が一斉に咲き、高木は真っ赤に染まる。ちょうどこの時期、厦門大学では卒業シーズンを迎え、アカデミックガウンに身を包んだ学生たちが鳳凰木の下や芙蓉湖で卒業写真を撮る姿が見られる。最も花期が長いのは、厦門市の花ブーゲンビリアで、ほぼ一年中花を咲かせている。

厦門大学の名所は数多くあるが、その中でも特別なのは、南門

そばの白城砂浜だ。キャンパスからわずか数十メートルほどのところに海水浴場がある大学は、中国広しと言えども非常に珍しい。このビーチには、厦門大学の学生はもちろんのこと、市民や観光客も多く訪れ、海水浴や散歩を楽しんだり、美しい夕日を眺めたりしている。

プチセレブ気分に浸れるキャンパス

厦門大学には、流行の発信地とも言うべきお洒落なカフェがある。中国の他のどの大学に行っても、厦門大学のカフェほどお洒落なカ

フェはないだろう。広いキャンパスを歩き疲れたら、カフェに入って一休みしよう。キャンパスには、カフェがなんと四軒もある。

その中で最も個性的なカフェは、西門の陳嘉庚記念館そばにある時光珈琲書店だ。レジ台がとてもユニークで、本を何冊も積み上げて台にしている。大学内のカフェはいずれも書店を併設したブックカフェとなっている。本だけでなく、バリエーションに富んだ大学オリジナルグッズも販売している。旅の記念にポストカードを買い、カフェでコーヒーを飲みながら手紙を書くことができる。

Interview

シンガポールの父とお菓子の追憶

豊橋から世界へ、夢は羽ばたく

株式会社ジェイアンドシー代表取締役社長　越智成幸氏

1967年、福建省福清市生まれ。1988年来日。1994～2003年、永井海苔株式会社に入社し、貿易業務に従事する。2003年に株式会社ジェイアンドシーを設立。地元豊橋に密着した事業経営を行い、国内外へ豊橋と日本の魅力を発信してきた。社名は「日本と中国の架け橋になろう」という意味を込めて、Japanの「J」とChinaの「C」をとって株式会社ジェイアンドシーと命名した。1998年に日本国籍を取得。好きな言葉は「プラスアルファ」。つまり常に「創意工夫のできる人間」でありたいと考えている。積極的に問題に関わって考えることにより、現在の状況をより変化させられるように工夫することを心掛けている。

越智成幸

朝の通勤ラッシュアワー、ビジネスマンや旅行客で混雑する東京駅から新幹線に乗車すれば、豊橋駅まではあっという間の短い旅路。往来するスーツ姿のビジネスマンに紛れてロータリーで待つこと二〇分、黒い高級車からスラリとした長身の男性が現れた。ひきしまった身体に程よく日焼けしたさわやかな笑顔で「ようこそ、遠くから！」と出迎えてくれたのは、越智成幸さん。到着時間はちょうどお昼時、まずは美味しい鰻を食べに行きましょうと近くの老舗の店へと案内してくれた。

シンガポールの父、実業家一家に生まれて

代々商いを行う一族に生まれた越智さんのプロフィールは、幼少時代から現在のグローバルな活躍を十分に予感させるものである。越智さんはシンガポールで事業を行っていた父親とは、たまにしか会えなかった。たくさんの商品とお土産と一緒に家に帰ってくる父を、今か今かと心待ちにしていたという。

「家から入り江まで続く小道を何度も何度も行ったり来たり、歩いて行ってね。そうやって毎日父の帰りを待ちわびていましたね。父の乗った船が港に着くと、商品やらお土産やら、珍しい物をいっぱいに積んだトラックと一緒に帰ってくる。そうすると、近所の子供たちがみんな一斉に集まってきてね。ハロウィンのときみたいに、子供たちにお菓子を配ってあげていました」。そう話しながら、越智さんは顔をほころばせる。「両親は村の人たちに頼りにされていました。病気の子供に漢方薬やお菓子をあげたりしてね。僕が一二歳のころだったと思います。父のシンガポールのホテル従業員が事業を興した際に、父はその人に大金をあげていました。船のチケットやお土産もいっぱい用意して。その人が帰省したときに、自分の実家よりも先に僕の両親のところへあいさつをしに来たことが印象に残っています。そういう人望の厚い父を子供ながらに誇りに思っていましたね」

　越智さんは年商四〇億円以上を稼ぎ出す株式会社ジェイアンドシーを愛知県豊橋市で経営する。台湾やシンガポールを始めとするアジア地域、世界二〇カ国以上でファミリーネットワークを展開する地元密着型の優良企業である。世界各地に渡って事業を営む親戚一族と協力しながら、貿易、製造業、中国進出企業のサポートなど多岐に渡り、グローバルに展開している。幼いころからの父の影響もあり、越智さん自身もいつか海外へ渡ってビジネスをしたいという気持ちが自然に育ったという。また、越智さんの従兄弟の一人はシンガポールでは有名な富豪だ。現在はブラジル大使に任命され公務をこなしているという(二〇一八年一〇月現在)。マスメディアにもたびたび登場し、『Forbes』の表紙を飾り、日本のテレビ番組で紹介されたこともあるという。出自を聞けば、まさに「福建商人のサラブレッド」とでも形容したくなる越智さんだが、ここまでの道のりは決して平坦ではなく、故郷から日本へとやって来た当初は裸一貫からのスタートだった。

鉄筋工場から永井の海苔へ。信用を積み上げた日々

「日本のことを何一つ分からないまま来日した」という越智さんの日本生活は一九八八年一二月二日、大阪からスタートした。当初は四国の今治市にある親戚のレストランで働いた後、九二年に豊橋の鉄筋工場へと移る。自分で事業を興したいという考えのあった越智さんは、一年ほど過ぎたころ、友人知人を経て「永井の海苔」の社長と知り合う機会を得る。この出会いがご縁となって、越智さんは「永井の海苔」へ転職した。そこで働きながら「あいうえお」から日本語を学び、車の運転免許も取得した。「優しい人が多くて、みん

な本当に親切にしてくれました。だから自分も早く仕事を覚えて恩返ししようと、一生懸命仕事をしましたね」と越智さんは言う。社内の仕事を丁寧に一つずつこなし、やがて職場の人たちから信用を得た越智さんは子会社を任されるようになる。一〇年の月日を費し、会社で実績を積み上げた越智さんだが、独立を考えて退職を申し出る。「社長には引き止められました。でも、僕はやっぱり自分で起業したい。それじゃあ出資するからとまで申し出てくれました。でも結局は僕の退職願いを受け入れて応援してくれました。本当に感謝しています」。社長とその家族とは今でも家族ぐるみの良き友人であり、ビジネスパートナーでもある。

地元企業のPR、慈善事業で恩返しを！

越智さんは「とにかく人を大事に、迷惑がかからないように一生懸命やること」をポリシーとして、地元豊橋市の企業との信頼関係を築きながら頑張ってきたという。香港のお菓子専門店「味の魅惑」とシンガポールのチョコレート専門店「チョコレート・エクスプレス」で豊橋特産品コーナーを開設し、豊橋の特産品や地元企業のPRイベントを行った。事業収益から一部、豊橋市への寄付も行っている。越智さんは「日本人よりも日本人らしいねとよく言われる」と笑う。「自分自身がまず一生懸命やって、周囲に認めてもらうこと、信用してもらうことが大切ですね。豊橋市との事業案件も『越智さんだから、ジェイアンドシーだから大丈夫』と言って任せてもらえました。地元の人にそう言われて初めて、事業が成り立ちます。豊橋には本当に感謝しています」と静かに話す。

また、越智さんは豊橋を本拠地とするバスケットボール実業団チーム「フェニックス」の正式スポンサーとして出資、施設の子供たちへお菓子サンプル提供などの慈善事業も行っている。「最初に日本に来たときは、僕は何もわからなかったけれど、周囲の人達が親切に何でも教えてくれた。だから、この豊橋への恩返しをしたい。国際交流の分野で子供たちのために役立ちたいですね」と越智さんは地元への感謝の想いを熱く語る。さらに、「後継者がいない中小企業が事業継続できるように、食品会社の資金提携や合併・吸収などをして世界に日本の食品を紹介するサポートをしていきたい。今、敷地内に新しい倉庫を建設中で、二〇一九年秋頃を目標に物流センターも完成させたいと考えています。より効率よく安く、お客さんにもメリットを感じてもらえるようにしていきたいですね」と今後のビジネスの展望を語る。

社長室の窓ガラス越しには広々としたオフィスにデスクが整然と並び、大勢のスタッフが働く様子がよく見える。少しの沈黙の後、越智さんはデスクの引き出しから写真を数枚出してくると座り直した。「父がいたシンガポールでね、父がやっていないことにチャレンジしたいなという想いがずっとあったんです。父をとても尊敬しているけれど、だからこそ、父がやったことのないことを何か一つ成し遂げたかった。シンガポールのフルマラソンに参加して、その目標がやっと実現できました。暑くて辛かったけれど、最後まで走れて本当によかった」。静かに言い終えると越智さんの瞳に涙が光った。

慌ただしい日帰り出張の帰り道、豊橋駅まで送ってくれた越智さんの運転する車の中、他愛のない雑談をしながら好きな食べ物を尋ねてみる。すると「甘いもの、かりんとうが好きだね」とハンドルを操りながら、屈託のない笑顔で答えた越智さん。故郷の福建省にも日本のかりんとうと似たお菓子があるんだよと懐かしそうに目を細めて教えてくれた。東京行きの新幹線に飛び乗り缶ビールで一息つくと、お菓子で溢れんばかりの紙袋にふと目が留まる。越智さんがお土産にと持たせてくれた商品の様々なお菓子たちを眺めるうちに気付いた。シンガポールから帰る父とお菓子の山を積んだ船。少年の胸を高鳴らせた甘い異国の匂い、望郷の想い、そして父への思慕──。越智さんはあのころの父親の姿をずっと追いかけているのかもしれない。

流行に敏感な若者が集う秘密の花園

一九五七年に建設された華新路は、華僑新村とも呼ばれる。ここは、海を渡り異国で一旗揚げた華僑の人々が、中国政府からの呼びかけに応じて続々と帰国し、建設に参加して生まれた街だ。

華新路は、華僑向け住宅街として厦門で初めて特別認可され、中国風・西洋風・東南アジア風など様々な建築様式を採り入れた邸宅が次々に建設された。その数、五〇軒あまりに上る。

建築後五〇年以上経過したこれらの古い邸宅は、レストラン、プライベートキッチン、カフェ、アトリエ、画廊、プチホテルなどに改築され、今やセレブ気分に浸れるお洒落

なスポットとなっている。

華新路のシンボル的存在と言えるのが、華新路三二号にある「32HOW」。華新路が今のように注目されるようになったのは、もとはと言えばこの店がきっかけだ。この店がオープンしたことによって、華新路に古い邸宅改築ブームが起こったと言っても過言ではない。32HOWは、カフェ、ギャラリー、ワインセラー、ライブラリーなどで構成されている。その中で最も有名なのがカフェで、「cherry32」と呼ばれている。台湾のcherry coffeeのコーヒー豆を店で提供しているため、そのような店名になったと言われている。この店でコーヒーを飲めば、コーヒーに対する認識がガラリと変わるに違いない。

「コーヒーって本当はこんな風に飲むんだ」「コーヒーって本当はこんなに豊かな香りなんだ」と、新鮮な驚きが続く。一杯のコーヒーが出来上がるまでの時間はわずか数分だが、その短い時間にコーヒー文化をいっそう深く体感することができるだろう。

カフェに行くとまず、店のスタッフがコーヒー豆を何種類か紹介してくれる。その中から選んだ豆をミルで挽き終わると、再び客のもとに来て、挽きたてのコーヒーの香りを嗅がせる。コーヒー豆本来の香りが楽しめるだろう。その後、本格的なサイフォン式でコーヒーを淹れ、コーヒー豆の芳醇な香りをじっくり引き出す。そして、日本の高級ブランド、ニッコーのボーンチャイナのカップに注ぎ、客のもとへ届ける。コーヒー豆を選んでから飲むまでの一連の過程が、まるで神聖な儀式のようように思えてくる。このカフェのコーヒーの値段が他店より高く感じられる人もいるだろう。しかし、この店では他のカフェにはない独自のサービスを提供しているので、多少値段が高くてもその価値は十分にある、と満足できるに違いない。

ONCE

あとがき

「のぞき見る」というと、いささか聞こえが悪いでしょうか？　昔、ある家政婦が仕えているよそ様の家庭で見聞きした事件を解決するという内容の人気ドラマがありましたが、私はインタビューの仕事を終えるたびに、ついこの家政婦になったような気持ちになってしまいます。

自分では体験し得ない他人の人生を、その人の口から語られた言葉を傾聴し、私自身の体内で咀嚼してからもう一度紡ぎ出す。インタビューという行為は、私にとっていつでもリアルな人生ドラマの疑似体験であり、それこそがこの仕事の醍醐味です。

本書では中国の南方・福建省からやって来た中国人経営者に来日から現在までの人生を振り返り、成功までの道程を語ってもらいました。

つかのま彼らと一緒にタイムスリップし、海を渡り、まだ見ぬ福建の青い空と海に想いを馳せ、街を歩き、人々と会う。この土地から大きな人生の海原に漕ぎ出で、この日本へとたどり着いた彼らの目に映るものを垣間見られたことは貴重な体験であり、筆者自身の人生に多くの示唆を与えてくれました。また、彼ら一人一人が経営者である前に、一人の人としての魅力に溢れていました。数時間の短い取材時間、執筆・編集過程でのやりとりを経て、さらに話を聞いてみたいと思わされること度々でした。

異国で暮らし、働くということは、言うほどにはたやすくありません。言葉も文化も異なる外国で、ましてや起業して身を立て成功させる困難は想像するに難くないでしょう。インタビュー時間中にほぼ全員の経営者が涙を見せたという事実が、何よりもその苦労を物語っていました。泣いたり笑ったり、時には怒り、嘆き。数多の大変なときを笑顔で切り抜けてきたことが、一つ一つを語らずとも伝わってきます。

日本には「笑う門には福来たる」という言葉があります。そして、ある社長には福建省・福州市・福清市を指すという「三福」という言葉を教えてもらいました。「福」とは「富」であり「幸せ」のこと。

遠く福建から日本へ福を運び、義理堅く日本で故郷に福を返す人たち。今、全ての執筆を終えて、読み返し、この言葉こそがまさに彼らのイメージにぴったりだというのが私の実感です。

二一人の日本で活躍する福建人経営者たちは、人生の寄港地であるこの日本に、そして故郷に多くの福をもたらし、これからももたらしてくれることでしょう。そして、彼らの日本での人生が笑顔で満ち、幸多き人生であり続けることを願いながら、本書あとがきの挨拶に代えさせていただきます。

中瀬のり子

会社情報

■呉啓龍氏

株式会社 ヘルスフーズ　〒111-0043　東京都台東区駒形2-7-3 大塚ビル5F
TEL：03-5830-0850(HF)

■王遠耀氏

株式会社 キング・テック　〒112-0004　東京都文京区後楽2-3-28
KIS飯田橋4階　TEL：03-5802-6671　http://www.kingtech.co.jp

■郭聯輝氏

TRAVELPLUS INTERNATIONAL株式会社　〒231-0041　横浜市中区吉田町72番地
サリュートビル9F　TEL：045-341-3711　http://www.travelplus-jp.co.jp

■陳娟氏

アイエフシー株式会社　〒330-0854　埼玉県さいたま市大宮区桜木町4-209
グランディ桜木ビル2F　TEL：048-782-9579　http://iphonefc.net

■陳茗氏

霓虹堂健康産業株式会社　〒231-0014　横浜市中区常盤町1-1　宮下ビル9F
TEL：045-264-8765　www.nihongtang.com/html/jp

■陳宜華氏

東方紅實業株式会社　〒231-0023　横浜市中区山下町28-2
TEL：045-242-4338

■兪雲錠氏
有限会社 大賢サービス 〒231-0063 横浜市中区花咲町2-62 丸宴ビル3F
TEL：045-263-0107

■中原隆志氏
キャセイ・トライテック株式会社 〒222-0033 横浜市港北区新横浜3-24-5
ユニオンビル7F TEL：045-476-5170 http://www.cathay.jp

■王秀徳氏
源清田商事株式会社 〒287-0225 千葉県成田市吉岡557番1
TEL：0476-73-8856 FAX：0476-73-8857 http://www.genseida.jp

■方永義氏
株式会社RS Technologies 〒140-0014 東京都品川区大井1-47-1
NTビル12階 TEL：03-5709-7685 https://www.rs-tec.jp/

■舘 正子氏
有限会社アールコーポレーション 〒114-0023 東京都北区滝野川5-41-3
TK7F TEL：03-5980-1433 http://rcorpjp.com/

■越智成幸氏
株式会社ジェイアンドシー 〒440-0084 愛知県豊橋市地町瀬上53-1
TEL：053-2043-5555 http://www.j-ando-c.co.jp/

【著者】
中瀬のり子
ライター、インタビュアー。書籍、雑誌、ウェブ媒体、企業にて多ジャンルにわたり執筆。2008～2011年、夫の中国転勤に帯同、3年強の間上海市在住。中国での生活体験と中華カルチャーへの興味関心、中国語を活かして中国関連分野の取材・執筆も多く行う。旅行雑誌『中國紀行CKRM』にてインタビュー企画「中国・日本で暮らす、働く」を連載執筆。中国・日本の二つの国を跨いで働く日本人と中国人の取材を続けている。中国家庭料理作り、華流映画ドラマ愛好家。

異郷の福建人経営者12人
碧い海の向こうへ
2019年2月18日　初版第1刷発行

著　者　中瀬のり子
編　集　重松なほ　周曙光
写　真　CTP　川田大介　史茂陽　呉楽
デザイン　佐々木達也
校　正　古屋順子
発行者　アジア太平洋観光社／日本福建経済文化促進会
発行所　アジア太平洋観光社
〒107-0052　東京都港区赤坂6-19-46
TEL：03-6228-5659　FAX：03-6228-5994
発売元　星雲社
印刷所　教文堂

ISBN978-4-434-25601-1